LA MÉDITERRANÉE

LA MÉDITERRANÉE

LES HOMMES ET L'HÉRITAGE

sous la direction de
FERNAND BRAUDEL

FLAMMARION

La Méditerranée, les Hommes et l'Héritage a été publié pour la première fois en 1977 par Arts et Métiers graphiques dans une édition illustrée.

© FLAMMARION, 1986

ISBN : 2-08-081167-3

Sommaire

Sommaire

Un seul dieu

L'acheminement vers le Dieu unique

La Méditerranée, comme les plaines et les montagnes, les villes et les déserts qui l'entourent, était peuplée de divinités. Sur ses flots, d'un de ses bords à l'autre, de hardis navigateurs, transportant les dieux de leur cité, partaient à la recherche de terres nouvelles pour y fonder des colonies où ils élevaient des temples. Leurs ruines, dont plusieurs sont proches des côtes, rappellent encore de nos jours ces épopées des temps anciens, où, de conserve, les hommes et leurs dieux jetaient sur les pourtours de cette mer privilégiée l'une des bases de la civilisation occidentale.

Quelle que soit l'origine des religions, il semble que le polythéisme correspond bien à l'expérience pratique d'hommes aux prises avec une nature hostile, arène ou se combattent des puissances opposées, les vents et les

eaux, les feux du ciel et de la terre, entraî-
nant dans leur mêlée furieuse les destins et
les travaux des hommes. Les guerres inces-
santes entre les peuples étaient elles-mêmes
à l'image de cette constante discorde. Il
fallait donc chercher à s'assurer le secours
d'une divinité capable de l'emporter sur les
autres, pour en faire le dieu protecteur de la
cité, sans toutefois négliger imprudemment
de rendre aussi un culte à ses rivaux. De
« L'Illiade » d'Homère jusqu'aux œuvres des
Tragiques, les Grecs ont laissé une littérature qui permet de retrouver cette mentalité
et qui, devenue un genre littéraire, inspira
cette imitation qu'est « L'Énéide » de Virgile.

Mais, déjà sous sa forme mythique, la
pensée n'a pu s'accommoder d'un polythéisme qui n'était qu'une multiplicité de
divinités en conflit. Elle exigeait un certain
concert des dieux, un panthéon qui, telle une
cité bien policée, obéisse à la justice et en
respecte l'ordre. Ainsi voit-on surgir un Maître des dieux, leur chef vénérable (« pater »)
avant d'être leur principe et leur père, un
dieu céleste, le Dyaus-pitar des Indo-Européens, notre Jupiter. C'est un pas timide vers
le monothéisme, en plein climat mythologi-
que.

Les philosophes, de leur côté, se sont
essayés à réduire le chaos. Héraclite qui fut
si profondément sensible à l'universel écou-

lement des êtres (πάντα ῥεῖ), qui a écrit que
« Polemos (la guerre) est le père et le roi de
toutes choses », n'en a que plus ardemment
cherché un principe de concorde dans ce
qu'il appelle le « Logos ». Il affirme l'unité
des contraires : « Bien et mal sont tout un. »
Dieu, dont il parle au singulier, est le lieu où
s'unissent ces contraires : « Dieu est jour et
nuit, hiver et été, pléthore et famine. Mais il
prend des formes variées, tout de même que
le feu quand il est mélangé d'aromates et
qu'il est nommé suivant le parfum de chacun
d'eux. » C'est que le multiple n'est jamais
diversité pure et qu'il a la propriété de
s'unifier à travers les différences et les oppo-
sitions mêmes. « Ils ne comprennent pas
comment ce qui lutte avec soi-même peut
s'accorder : mouvements en sens contraires
comme pour l'arc et la lyre. » Il s'agit du
concours de l'action et de la réaction : « C'est
de ce qui est en lutte que naît la plus belle
harmonie : tout se fait par discorde. »

Ainsi, dès que la pensée humaine conçoit
un ordre, une justice, un bien, on voit se
profiler une annonce du monothéisme.
L'idée s'en précise peu à peu. Platon, bien
que sa conception de Dieu soit encore mêlée
à des fictions mythiques, a joué un rôle
important dans cette évolution. Sans doute
le monde céleste, avec ses astres lumineux et
ses mouvements réguliers, reste-t-il pour lui
un monde de dieux, et le ciel dans son

ensemble est nommé dieu ; mais il existe un « Dieu qui est toujours » et qui calcule par avance ce que doit être ce dieu « appelé à être un jour ». Quant aux dieux de la mythologie, Platon, sans les exclure, les évoque avec un certain humour : « Mais parler des autres divinités et avoir connaissance de leur genèse, c'est plus que nous ne pouvons faire. Il faut en croire ceux qui ont eu la parole auparavant et qui, étant, à ce qu'ils déclarent, descendants des dieux, doivent, j'imagine, clairement connaître leurs ancêtres. Il n'est vraiment pas possible de ne pas accorder créance à des enfants de dieux, même si leurs propos manquent de démonstrations vraisemblables, et à plus forte raison nécessaires. Ainsi donc acceptons d'eux la genèse qui se rapporte à ces dieux, et disons que de la Terre et du Ciel naquirent Okeanos et Thetys, leurs enfants ; que de ces der ers naquirent Phorkys, Kronos et Rhéa et tous ceux qui vont de pair ; que de Kronos et de Rhéa, naquirent Zeus, Héra et tous ceux que nous leur connaissons comme frères, ainsi qu'on les appelle, et encore tous leurs autres descendants. » Mais ce qui est sérieux pour Platon, c'est la doctrine de la nature divine des astres : ce polythéisme astral, qui est peut-être d'origine babylonienne, marquera longtemps la pensée humaine, et quand, après la victoire de la vision monothéiste, les philosophes comme Avicenne parleront des

Intellects des sphères célestes, assimilés à des anges, ce ne sera jamais qu'une simple adaptation des anciennes divinités aux exigences d'une foi nouvelle.

Mais l'important, c'est qu'un dieu se détache de tous les autres, et fait régner entre eux et dans les régions du monde qu'ils gouvernent l'ordre et la justice. Peu à peu, le polythéisme proprement dit va se résorber ; chacun des anciens dieux finira par représenter symboliquement un attribut particulier, ou une « puissance » du Dieu unique. Cette nouvelle conception s'est fait jour dans le néoplatonisme, de Porphyre et Jamblique à Proclus, dans les gnoses hellénistiques, les Oracles chaldéens, l'Hermétisme. D'ailleurs beaucoup de ces systèmes prennent également appui sur la pensée religieuse de l'Égypte, en particulier sur le mythe d'Isis et d'Osiris ; or la même évolution avait dû se produire dans la vallée du Nil, et, plusieurs égyptologues le pensent, le polythéisme qui s'affiche là dans la statuaire et la peinture ne représentait plus que les attributs d'un unique Dieu.

Les stoïciens mirent à leur tour l'accent sur la rationalité de Dieu et sur sa sagesse et c'est ainsi que Philon d'Alexandrie, appuyé à la fois sur la théologie platonicienne et sur celle du Portique, a pu commenter la Bible à l'aide de concepts purement grecs, c'est-à-dire « païens » d'origine. Dans une telle pers-

pective on comprend l'entreprise d'Eusèbe
de Césarée, qui, dans la « Préparation évan-
gélique », a montré le progressif acheminement des penseurs du paganisme vers des
vérités qui concordent avec l'enseignement
chrétien.

Cette évolution de la pensée grecque vers
la conception d'un Dieu unique fut sans
doute longtemps retardée par le particularisme religieux des cités. On constate que
dans cet émiettement politique aucune de
ces cités n'a imposé aux autres son dieu
protecteur particulier, et qu'aucune n'a
d'ailleurs rejeté comme fausses divinités les
dieux qui étaient spécialement honorés chez
ses voisins. Avec l'Empire d'Alexandre naît
un certain cosmopolitisme dont l'influence a
été certaine dans l'affirmation de l'idée
monothéiste en milieu grec. Le monde, le
cosmos, est comme une grande cité. Il est un,
il est ordonné dans l'unité de sa Loi. Celui
qui le gouverne est donc un également,
source de cet ordre parfaitement sage. C'est
le Dieu unique.

La révélation du Dieu unique

En dehors de ce grand mouvement de
pensée qui vient d'être esquissé, se développe une expérience unique en son genre :
celle des Hébreux. Eux aussi ils ont leur dieu,

celui de leurs pères, Abraham, Isaac et Jacob; mais c'est un dieu jaloux qui veut être seul à recevoir un culte des hommes. Le monothéisme juif est d'abord un exclusivisme. Certes il ne fait aucun doute pour l'historien que ce dieu est apparenté, à l'origine, à d'autres divinités, adorées par les peuples voisins, et la critique retrouve dans la Bible bien des thèmes communs à toutes les mythologies des Sémites. Mais ce qui est remarquable, c'est que cet Elohim, créateur du ciel et de la terre, loin de se présenter comme le maître des autres divinités, comme un dieu suprême, s'affirme tout de suite comme absolument différent d'elles; il les nie et les rejette dans leur néant, il exige de son peuple qu'il se détourne totalement des « idoles » et même qu'il s'écarte de tous les peuples idolâtres. Les fils d'Israël ont ainsi reçu la charge, non seulement de rendre un culte unique à un Dieu unique, dans un temple unique, mais d'être les gardiens, à la face du monde, de la pureté de cette foi monothéiste et de ce culte. C'est en cela que se fonde l'idée de l'alliance; c'est ce qui justifie les promesses faites à ce peuple mis à part, réservé à son dieu, élu. Mais c'est aussi ce qui fait que le monothéisme juif est passé par une première phase qui est plutôt un hénothéisme : les Hébreux ont adoré un dieu, et non plusieurs, mais ce n'est pas encore tout à fait le dieu unique et universel.

Sans doute le dieu du premier chapitre de la Genèse crée l'Univers. Mais quand il parle par les prophètes, ce n'est pas la puissante œuvre des six jours qu'il rappelle d'abord pour se faire entendre de toutes les créatures, ce sont les bienfaits dont Il a comblé les Fils d'Israël, la sortie d'Égypte et l'installation dans la Terre Promise, car c'est à son peuple qu'Il s'adresse en particulier : « Il y aura une chaussée pour le reste de son peuple qui restera à Assur comme il y en eut une pour Israël, le jour où il monta du pays d'Égypte » (Isaïe, 11, 16). « Et de même que Dieu (le Seigneur des armées) leva sa verge sur la mer (cf. Exode, 14, 16), il la lèvera comme en Égypte » (*ibid.*, 10, 26). « Et ils n'ont pas dit : Où est le Seigneur Dieu qui nous fit monter du pays d'Égypte et nous fit marcher dans le désert... » (Jérémie, 2, 6). « Or moi, Je suis le Seigneur, ton Dieu depuis le pays d'Égypte ; tu ne connais pas de Dieu en dehors de moi, ni de sauveur autre que moi. Moi, je t'ai connu dans le désert, dans une terre de flammes ! » (Osée, 13, 4). « Et pourtant, je vous ai fait monter du pays d'Égypte, et Je vous ai conduits quarante ans dans le désert, pour vous mettre en possession du pays des Amoréens » (Amos, 2, 10). « Mon peuple, que t'ai-Je fait, et en quoi t'ai-Je lassé ? Réponds-Moi ! Est-ce parce que Je t'ai fait monter du pays d'Égypte et que Je t'ai racheté de la maison des esclaves et que J'ai envoyé devant toi Moïse, Aaron et Marie ? » (Michée, 6, 4).

Le Seigneur (en grec « Kyrios », terme par lequel on traduit le tétragramme Y H V H que les juifs ne prononcent pas et qu'ils remplacent par Adonaï ou Hä-SHEM, le Nom) est le dieu d'Israël. « Ainsi m'a parlé le Seigneur, le dieu d'Israël » (Jérémie, 25, 15, entre autres très nombreux passages dans toute la Bible). Il semble que l'élection d'Israël ne soit pas destinée à propager la foi parmi les idolâtres : c'est comme si Elohim avait voulu créer un foyer de fidèles qui l'adorent, et lui seul, qui gardent pur leur culte au milieu des « nations » souillées par leurs pratiques religieuses souvent infâmes, toujours coupables. « Ô vous, maison d'Israël, ainsi parle Adonaï le Seigneur. Allez, que chacun fasse disparaître ses sales idoles ; est-ce qu'ensuite vous ne m'écouterez pas ? Et mon saint Nom, ne le profanez plus par vos dons et vos sales idoles... En une odeur au parfum suave, je vous agréerai en vous séparant, moi, des peuples (« min hâ-'ammîm ») ; et voici que je vous ai rassemblés (« qibbaṣtî », cf. l'hébreu moderne « Kibboutz ») de toutes les terres où vous étiez dispersés (« nephôṣôtem » ; cf. « tephûṣa » : diaspora), et par vous, voici que je suis glorifié comme saint aux yeux des nations (« le-ene ha-gôyîm ») » (Ézéchiel, 20, 41).

On voit quelle importance un tel texte a pu avoir et a gardé jusqu'à nos jours pour la pensée juive. Les mots hébreux mis entre parenthèses le mettent en évidence. Le dieu d'Israël est un dieu jaloux de son peuple comme un amant peut être jaloux de sa bien-aimée. Les images de la prostitution d'Israël, quand il se tourne vers les idoles, sont fréquentes. Le mot, traduit ci-dessus par « en vous séparant », signifie également divorcer d'avec sa femme. Israël doit divorcer d'avec les autres peuples : sa fidélité à son dieu est comparée à la fidélité d'une femme à son mari.

Mais le peuple élu ne doit pas seulement se garder pur ; il doit détruire les idoles là où elles sont objet d'un culte, c'est-à-dire qu'il doit combattre les nations idolâtres tantôt dans l'offensive (cf. le Livre de Josué), tantôt dans la défensive. En fait toutes ces actions guerrières sont menées par le dieu des armées : il détruit les ennemis d'Israël quand Israël est docile ; dans le cas contraire, il frappe Israël en le faisant battre. Ainsi les Philistins remportent deux fois la victoire et s'emparent de l'Arche d'Alliance qu'ils placent dans leur temple à côté de la statue de leur dieu Dagon. « Des gens d'Asdod se levèrent le lendemain matin et voici que Dagon gisait, la face contre terre devant l'Arche du Seigneur ! Ils prirent Dagon et le remirent à sa place. Ils se

levèrent le lendemain matin et voici que
Dagon gisait la face contre terre devant
l'Arche du Seigneur ! La tête de Dagon et les
deux paumes de ses mains tranchées étaient
sur le seuil. Seul le tronc de Dagon lui avait
été laissé... Les gens d'Asdod virent qu'il en
était ainsi et ils dirent : — Que l'Arche du
dieu d'Israël ne demeure pas chez nous, car
sa main est dure contre nous et contre
Dagon, notre Dieu ! » (I Samuel, 5, 2-8).

Ainsi l'hénothéisme primitif ne chercha
pas, chez le peuple hébreu, à intégrer le
polythéisme en faisant de multiples dieux
étrangers des subordonnés, ou des expressions particulières d'un dieu suprême. Il
entreprit de réduire et de détruire radicale-
ment ces dieux, et c'est ainsi qu'il devint un
monothéisme absolu. Toute l'histoire religieuse du peuple élu tient en ces quelques
lignes : « Dans les jours à venir, Jacob pro-
duira des racines, Israël éclora et fleurira et
la surface du monde sera couverte de sa
production. (Le Seigneur) l'a-t-il battu
comme Il a battu qui le battait ?... Cependant
c'est ainsi que sera pardonnée la faute de
Jacob, et ceci écartera tous les fruits de son
péché : qu'il rende toutes les pierres d'autel
comme des pierres à chaux pulvérisées ! Les
Asherah et les brasiers ne doivent plus être
debout ! Car la ville fortifiée (des étrangers)
est devenue solitude » (Isaïe, 27, 6-10 ; cf. 25,
2). « En ces jours-là, l'homme portera ses

regards sur celui qui l'a fait et ses yeux regarderont vers le Saint d'Israël. Il ne portera plus ses regards sur les autels, ses œuvres qu'ont fabriquées ses doigts, et il ne regardera plus les Asherah et les brasiers. En ce jour-là, les villes où il se réfugie seront délaissées, comme les bois et les taillis que l'on délaisse devant les Fils d'Israël ; et ce sera une désolation » (Isaïe, 17, 7-9). Le mot Asherah désigne à la fois une déesse et un lieu sacré sur des collines élevées (cf. Exode, 34, 13 ; I Rois, 14, 23 ; Jérémie, 17, 2). Quant aux brasiers, on a émis l'hypothèse qu'ils désignaient des autels à parfums, associés au culte de Baal-Hammon.

Le dieu d'Israël a donc vaincu les idoles ; par son peuple, il a vaincu les nations idolâtres. Il reste seul, le Tout-Puissant. L'écrasement des nations et de leurs faux dieux est comme le signe de cette Toute-puissance incomparable : le pouvoir divin sur l'ensemble de l'univers est mis en parallèle avec son pouvoir sur les sociétés humaines. « Qui a mesuré dans le creux de la main l'eau de la mer, puis la dimension du ciel à l'empan, pesé les montagnes avec une statère et les collines à la balance ? Voici, les nations sont comme les gouttes d'un seau, on les prendrait pour la poussière de la balance. Toutes les nations sont comme rien devant lui, elles sont considérées par lui comme du néant et du vide » (Isaïe, 40, 12-17).

Alors les idoles sont réduites à ce qu'elles sont : des œuvres d'hommes, en bois, en métal, en pierre, et non pas des divinités inférieures et vaincues. « A qui assimilerez-vous Dieu et quelle image lui comparerez-vous ? Un artisan coule la statue, un orfèvre la recouvre avec de l'or ; untel choisit le mûrier, bois de l'oblation pour le culte, qui ne pourrit pas ; il se procure un artisan habile pour installer une statue qui ne vacille pas » (Isaïe, 40, 18-20 ; cf. *ibid.* 44, 15-20). « Quant aux rites des peuples, c'est un néant : on a coupé un arbre de la forêt, travail des mains de l'artisan, avec la cognée ; d'argent et d'or on l'embellit, avec des clous et des marteaux on le fixe, pour qu'il ne vacille pas ! Ils sont comme un épouvantail dans un champ de concombres et ils ne parlent pas ; il faut les transporter, car ils ne marchent pas ! Ne les craignez pas, car ils ne font pas de mal et ils ne peuvent non plus faire du bien ! » (Jérémie, 10, 3-6). Ces jugements contre les idoles sont repris presque à la lettre par le Coran. Et de même l'affirmation vigoureuse du monothéisme qui en résulte : « Je suis Premier et Je suis Dernier, et hormis Moi, il n'y a pas de Dieu » (Isaïe, 44, 6 : « ănî rîshôn, va-ănî aḥărôn u-mibal 'âday ên Elôhîm » – cf. Coran, 57, 3 : Il est le Premier et le Dernier ; « Huwa'l-awwal wa'l-âkhir », et la première partie de la profession de foi musulmane bien connue :

« Lâ ilâha illâ'llâh »). Dieu est dès lors pro-
clamé créateur de tout ce qui est ; Il n'est pas
simplement Roi d'Israël (« melekh-Isrâêl »),
mais Roi des nations (« melekh ha-gôyîm ») :
« Nul n'est comme Toi, Seigneur, Tu es
grand et Ton Nom est grand par la puissance ! Qui ne te craindrait, roi des nations ?
Mais le Seigneur est un dieu véritable, il est
Dieu vivant et Roi éternel (« hû Elôhîm
hayyîm û-melekh 'ôlâm »). Il fait la terre par
sa puissance, il fixe le monde par sa sagesse
et par son intelligence il étend les cieux »
(Jérémie, 10, 6-7 ; et 10 ; 12). Le Coran
s'exprimera en termes identiques.

Le peuple, élu, reçoit alors une vocation
missionnaire : « Et voici que tu appelleras
(« tiqrâ ») une nation (« goy ») que tu ne
connais pas, et une nation qui ne te connaît
pas accourra vers toi, à cause du Seigneur,
ton Dieu, et du Saint d'Israël, car Il t'a
illustré » (Isaïe, 55, 5). Le premier verset
révélé du Coran, selon une tradition, commence par « iqra' » (prêche), de la même
racine sémitique que « tiqrâ ».

Ainsi est née et s'est développée, à travers
bien des accidents, l'idée monothéiste chez
les juifs. A la différence de ce qui s'est passé
pour les Grecs, où l'évolution est plus une
aventure de la pensée qu'une péripétie historique, c'est par la lutte réelle contre des
peuples étrangers qui les entouraient et les
menaçaient dans leur existence et leur

liberté nationale, mais aussi dans leur fidélité à leur Dieu, que les Fils d'Israël sont arrivés à concevoir ce dieu qui était le leur, face à tous les autres, mais le seul et unique Seigneur, créateur du ciel et de la terre, de tous les hommes et de toutes les nations. Emmanuel, Dieu avec nous autres (le « nosotros » des Espagnols, le « nous » exclusif — nous, mais non pas vous — de nombreuses langues), devint peu à peu Dieu avec nous tous, les hommes (le « nous » inclusif : nous et vous). Néanmoins, si un courant universaliste a poussé certains penseurs d'Israël, en particulier dans l'école pharisienne, comme on le voit par les « Psaumes de Salomon » par exemple, à proposer à l'humanité entière de participer au culte de l'Unique et de jouir de ses faveurs, et cela souvent à l'intérieur d'une vision messianique, il n'en est pas moins vrai que ce Roi des Nations reste fondamentalement le Roi d'Israël qui a fait avec son peuple une alliance dans sa Loi. Et cela allait faire difficulté à la propagation du judaïsme.

Quoi qu'il en soit, nous voici en face de deux monothéismes, c'est-à-dire peut-être de deux dieux, si on suit Pascal qui devait distinguer si nettement entre le Dieu des philosophes, qui se dévoile à la raison humaine et n'est pas le vrai, parce qu'il est marqué par les faiblesses mêmes de cette orgueilleuse faculté, et le Dieu d'Abraham, d'Isaac et de Jacob, qui s'est révélé dans l'histoire, qui a parlé par les prophètes, qui, source de vie, a réellement animé la vie de tout un peuple dans le malheur comme dans la joie, et qui ne saurait être confondu avec une simple conception de l'esprit.

La diaspora et le monde grec

Dans les derniers siècles de l'Antiquité et les premiers de l'ère chrétienne, les juifs s'étaient répandus sur les pourtours de la Méditerranée, en particulier à Alexandrie et à Rome où ils constituèrent ainsi la diaspora. Voici quelques-unes des autres villes importantes, proches de la mer, où se trouvaient des centres juifs : Ostie, Gênes, Bologne, Ravenne, Naples, Pompéi, Tarente, en Italie ; Marseille, Arles, Narbonne, en Gaule ; Athènes, Le Pirée, Patras en Grèce ; Smyrne, Éphèse, Pergame, en Asie Mineure, plusieurs îles de l'Archipel, Antioche de Pisidie, Tarse de Cappadoce ; sur la côte sud, Cyrène, Carthage. Ces diverses communautés, si elles n'étaient pas toujours reliées entre elles, gardaient une relation avec Jérusalem et le Temple, car, tant qu'il exista, le Temple fut réellement, et après sa destruction il demeura, idéalement, le centre unique du culte rendu au Dieu unique. On pourrait dire que de même que pour les Grecs l'unité de

l'univers est une expression de l'unité de
Dieu, de même pour les juifs l'unité du
Temple est symbole du monothéisme. Cicéron apporte le témoignage, dans sa défense
de Flaccus, accusé de concussion par les
Grecs et les juifs de la province d'Asie
Mineure dont il avait été gouverneur, que
« tous les ans, de l'or était habituellement
exporté, au nom des juifs, de l'Italie et de
toutes nos autres provinces, vers Jérusalem ». C'était l'impôt qui devait être payé
annuellement au Temple, et dont la simple
existence symbolisait une allégeance unique.

Les juifs connurent, de la part des
Romains, des fortunes et infortunes diverses.
Ils firent du prosélytisme et nul doute qu'il y
eut à cette époque des conversions au
judaïsme. Mais leur refus de tout compromis
avec le paganisme officiel, pourtant ouvert à
toutes les religions orientales, leur aliéna les
esprits et leur fit beaucoup d'ennemis. Ce
n'est au fond rien d'autre que leur monothéisme absolu et inflexible que Pline
l'Ancien vise quand il dit d'eux « qu'ils sont
un peuple remarquable par leur blâme
outrageant des divinités », « gens contume-
lia numinum insignis » (« Hist. Nat. », 13, 4,
46).

A Rome même, six catacombes gardent le
souvenir des juifs qui ont vécu dans la
capitale de l'Empire.

Mais il faut faire une place à part aux juifs

d'Égypte, et tout particulièrement d'Alexandrie, à cause de l'œuvre magistrale de Philon. La population juive de cette ville était de culture grecque. Mais la Bible avait été traduite en grec, c'est la traduction des Septante. D'autre part, un contact entre les idées venues de Grèce et les idées bibliques avait déjà eu lieu : on a sur ce sujet le témoignage des livres deutérocanoniques, comme celui de la Sagesse. Philon d'Alexandrie veut rendre accessible à l'esprit hellénistique, nourri de platonisme, de stoïcisme, mais également curieux des religions orientales à mystères, la pensée profonde de la pensée mosaïque et le sens symbolique de la Loi. Sans renier, loin de là, la pratique exotérique qui suit la lettre, il montrait, par un commentaire allégorique des textes sacrés, que Moïse avait apporté aux hommes une vision d'eux-mêmes, du monde et de Dieu qui était la sagesse la plus pure et portait toute la tradition philosophique à sa perfection. On peut dire qu'il a fait l'unité du monothéisme des grands philosophes et de celui de la Révélation. Sa pensée, débordante de richesses, devait surtout alimenter la patristique grecque chrétienne, à travers les ouvrages de Clément d'Alexandrie.

La révélation chrétienne

Jésus de Nazareth naquit alors que Philon arrivait à peu près au milieu de sa carrière. Le judaïsme, à cette époque, passait par des crises sociales et politiques, et il était en fermentation sous l'effet de conceptions religieuses diverses. Pharisiens, sadducéens, zélotes s'opposaient. Et il y avait aussi les esséniens que nous connaissons mieux par les manuscrits de la mer Morte, les thérapeutes qui peut-être se rattachaient à leur mouvement, et dont Philon a parlé dans le « De Vita Contemplativa ». C'est dans ce milieu agité, inquiet, mais animé de ferveurs multiples, que le christianisme surgit.

Le Dieu unique prêché par le Christ est bien celui d'Abraham, d'Isaac et de Jacob. Mais il n'est plus considéré dans les relations historiques qu'Il eut avec son peuple ; c'est à peine si on en trouve quelques rappels fragmentaires dans les Évangiles. Il est élevé au-dessus des mêlées humaines, de ces luttes qu'Il menait contre les peuples idolâtres, des secours qu'Il apportait à ceux avec qui Il avait fait alliance. Il est pris en lui-même et, du même coup, dans toute la pureté de sa souveraineté transcendante.

« Dieu est amour » (ὁ θεὸς ἀγάπη ἐστίν), annonce Jean dans sa première Épître (4, 8). Voilà la grande et nouvelle révélation. Platon, dans « Le Banquet », demandait si l'amour (Eros) était un dieu. Mais voici qu'il est dit que Dieu est amour, et l'auteur sacré emploie le mot « agapé », pour éliminer toute référence aux théogonies et aux cosmogonies fondées sur des images sexuelles. Mais cette affirmation n'a aucun sens convenable si Dieu ne comporte pas en son essence le pôle de celui qui aime, le pôle de celui qui est aimé et entre les deux, dans les deux sens, la relation d'amour et de connaissance amoureuse. Tel semble être le fondement même de la doctrine de la Trinité.

Le christianisme, de la sorte, et ce sera l'une de ses assises les plus fertiles en réflexions et en manières de vivre pendant quelque vingt siècles, révèle le mystère de la vie intime de ce Dieu vivant qu'annonçaient les prophètes. En outre, il enseigne que l'homme est appelé à participer à cette vie par l'amour. « Bien-aimés, aimons-nous les uns les autres ; car l'amour est de Dieu, et quiconque aime est né de Dieu et connaît Dieu. Celui qui n'aime pas n'a pas connu Dieu, car Dieu est amour. L'amour de Dieu a été manifesté envers nous en ce que Dieu a envoyé son Fils Unique dans le monde, afin que nous vivions par lui. Et cet amour consiste, non pas en ce que nous avons aimé Dieu, mais en ce qu'Il nous a aimés » (*Ibid*, 4, 7-10). Dans cet esprit il faut relire la prière Sacerdotale de Jésus, en saint Jean (ch. 17), en particulier les versets 22 et 23 : « Et moi, la gloire que tu m'as donnée, je la leur ai donnée, pour qu'ils soient un, comme nous sommes un. Je suis en eux et toi en moi, pour qu'ils aient la perfection en devenant un ; et pour que le monde connaisse que tu m'as envoyé et que tu les aimes comme tu m'aimes moi. » Tout le christianisme est là : sa révélation fait resplendir la lumière de l'essence divine qui est amour : « La nouvelle que nous avons entendue de Jésus-Christ et que nous vous annonçons, c'est que Dieu est lumière (ὁ θεὸς φῶς ἐστίν) et qu'il n'y a pas de ténèbres en lui » (Jean, Ép. I, 1, 5).

Né dans le judaïsme, le christianisme vécut d'abord dans un milieu judéo-chrétien. Mais saint Paul, allant plus loin que Philon d'Alexandrie, comprit que sa foi ne pouvait être reçue par les Gentils que si on la coupait de la Loi mosaïque. En somme, à ses yeux, le vrai juif c'est le chrétien : « Car ce n'est pas celui qui se voit extérieurement, qui est juif ; ce n'est pas celle qui se voit extérieurement dans la chair, qui est circoncision ; mais c'est celui qui ne se voit pas, qui est juif, et la circoncision est celle du cœur, en esprit, non selon la lettre » (Romains, 2, 28-29). (De même, plus tard, le Coran enseignera que le vrai juif ou le vrai chrétien est musulman, soumis à Dieu comme le fut Abraham.) Et Paul conclut : « Car nous considérons que l'homme est justifié par la foi en dehors des œuvres de la loi. Ou bien Dieu serait-il le Dieu des juifs seulement ? Ne l'est-il pas aussi des Gentils. Oui, Il l'est aussi des Gentils, puisque Dieu est un ; c'est Lui qui justifiera la circoncision qui vient de la foi et l'incirconcision qui passe par la foi (ὅς δικαιώσει περιτομὴν ἐκ πίστεως καὶ ἀκροβυστίαν διὰ τῆς πίστεως) (Romains, 3, 28-30).

La rupture est nette en dépit des précautions que prend l'apôtre pour ne pas exclure ses anciens coreligionnaires : « Est-ce donc que nous abrogeons la loi ? Qu'il n'en soit rien ! Au contraire, nous établissons la loi » (*Ibid.* 3, 31). Sans entrer dans les détails de la subtile dialectique paulinienne, il faut reconnaître que les juifs, dans leur majorité, ne pouvaient la suivre. Le drame est là : un seul Dieu, mais lequel ? Reconnaître qu'Il existe est une chose ; elle est en un sens capitale. Mais savoir qui Il est en est une autre, tout aussi importante, sinon davantage encore. Sur la question de l'existence, un très grand nombre d'hommes peuvent tomber d'accord, qu'ils soient de purs philosophes ou des croyants qui se réclament de religions monothéistes. Mais sur l'essence divine, sur la personne divine, sur la conception même de Dieu, de nombreuses divergences apparaissent. Or les religions n'enseignent pas seulement que le Dieu unique existe, elles disent ce qu'Il est et ce qu'Il n'est pas. Les chrétiens ont beau affirmer que le vrai Dieu est celui qui s'est révélé aux prophètes d'Israël, ils ne s'en tiennent pas à cette révélation, et leur conception de ce Dieu qu'ils ont reçu du judaïsme, est tout autre que celle qu'en ont les juifs.

Si on considère en outre qu'il y eut, dans les premiers siècles de notre ère, une réelle rivalité entre le prosélytisme juif et le prosélytisme chrétien, que le christianisme l'emporta politiquement avec l'empereur Constantin, que les juifs, souvent méprisés et maltraités par les Romains, devaient l'être plus encore par les chrétiens triomphants, on comprend aisément que ce peuple de l'Ancien Testament, privé de son Temple à Jérusalem, privé de prophètes, se soit replié, sous la conduite de ses docteurs, sur la sauvegarde de ce qui lui restait : son Livre. Ils l'ont transcrit, fixé, étudié mot par mot, voire lettre par lettre, et médité tout au long de leur vie, car il était leur raison d'être et de vivre. Ainsi s'est développée en vase clos une immense littérature qui s'appuie sur la Mishna, les Talmud de Jérusalem et de Babylone, la Halakha et la Aggada. Ainsi se développèrent la Cabbale et la mystique juive. Les écrits revêtirent par la force des choses les caractères d'une doctrine secrète. En effet, à la différence des communautés de l'ancienne diaspora qui s'ouvraient à de nombreux contacts avec les milieux environnants, la nouvelle diaspora dut se refermer sur elle-même en raison de la réserve souvent hostile que lui manifestait la société devenue dans son ensemble chrétienne. Les juifs eurent le sentiment que les chrétiens prétendaient les dépouiller de leur héritage de fils de la promesse et qu'ils leur volaient leur Dieu. Le chant du Magnificat — « sicut locutus est ad patres nostros, Abraham et semini ejus in saecula » — qui fait dériver vers le Christ toutes les promesses de Dieu, exprime fondamentalement l'attitude chrétienne qui devait amener les juifs à défendre jalousement leurs propres biens spirituels.

Cependant les chrétiens suivaient des voies bien différentes. Sans doute, ils étudiaient eux aussi les livres sacrés. Mais ils étaient aussi devenus les porteurs de la civilisation gréco-romaine. Très tôt, séduits par le modèle de Philon d'Alexandrie, ils avaient intégré la philosophie grecque à leur propre réflexion. Platon d'abord, Aristote ensuite, devenaient leurs maîtres à penser. Il est vrai qu'ils avaient eu à lutter contre l'envahissement des gnoses hellénistiques et qu'ils avaient dû se forger des armes efficaces pour les abattre. Mais plus généralement, on crut qu'il existait une harmonie profonde entre l'inspiration du « divin Platon » et l'esprit de la révélation chrétienne. On se demande aujourd'hui si cette collusion, en dépit des œuvres magistrales qui en résultèrent, fut vraiment bénéfique à l'expression de la foi en Dieu et dans le Christ.

Sur un autre plan, les chrétiens, partout répandus, eurent à évangéliser. Or, une conversion, même sincère, ne supprime ni les mentalités, ni les coutumes, ni même tout à fait les anciennes croyances. Il fallut donc donner une signification nouvelle à de vieux rites et à de vieux cultes. Les rogations, la bénédiction des moissons, du bétail, de la mer, se substituèrent aux rites agraires ; les calvaires, à la croisée des chemins, remplacèrent les divinités des carrefours ; les pierres levées se surmontèrent de croix ; des processions en l'honneur de la Vierge ou d'un saint gardèrent à certains lieux leur antique caractère sacré ; souvent il y avait là une source, souvent à sept trous, comme celles que l'on retrouve liées à la légende des Sept Dormants d'Éphèse. La bénédiction de l'eau baptismale, la cérémonie des Rameaux, le cierge pascal et le feu nouveau, à l'intérieur même de la liturgie, bien qu'en relation étroite avec la foi chrétienne, reprennent certainement des symboles archaïques. Les dates mêmes des fêtes de Noël et de Pâques peuvent ne pas être indépendantes des célébrations païennes d'une religion astrale. Le culte des saints vint à propos remplacer celui de dieux, de demi-dieux ou de génies. Enfin

plusieurs temples païens furent transformés
en églises. C'était, semble-t-il, inévitable, dès
que le christianisme s'infiltrait dans le
monde. Il y avait là un danger pour le
monothéisme rigide. La croyance de bien des
chrétiens, peu ou mal formés aux vérités de
la foi, se trouva fortement mêlée à de vaines
superstitions. Néanmoins le christianisme
pouvait se croire suffisamment armé contre
un retour de l'idolâtrie, pour faire face à ce
danger et maintenir intacte, malgré ces
concessions, la foi véritable en un seul Dieu.
C'est ainsi qu'il a autorisé les statues et les
images, qui continuèrent à intervenir dans la
piété des fidèles, en dépit de mouvements
iconoclastes qui éclatèrent en particulier
dans l'Église byzantine et plus tard, lors de
la Réforme protestante, en Occident.

Devenue officielle dans l'Empire, la religion chrétienne fut confrontée à un autre
péril : le goût de la richesse et du faste, le
goût du pouvoir. En Orient, le Christ Panto-
crator, en majesté dans la gloire de Dieu le
Père, fut l'objet d'un culte calqué sur la
magnificence de l'étiquette impériale, dont
Constantin Porphyrogénète nous donne une
idée dans son « Livre des Cérémonies ». La
liturgie de saint Jean Chrysostome, qui est
celle de l'Église orthodoxe d'Orient, grecque
et slave, et qui est conservée par les catholi-
ques melkites (dont le nom tiré de « melek »
ou « malik », le roi, évoque le Basileus de

Constantinople), conserve de nos jours encore cette majestueuse grandeur. Mais rien n'est trop beau quand il s'agit de célébrer le Dieu unique, souverain de la création entière. La Rome de la Renaissance étale également une grande opulence, mais beaucoup plus suspecte, car on ne peut mettre en cause l'orgueil d'un pouvoir impérial qui voulait régenter l'Église : le pape et son entourage sont ici les seuls responsables. Si on passe en Espagne, cette magnificence atteint jusqu'à l'exubérance. Les fêtes de la semaine sainte à Séville en donnent une image folklorique impressionnante.

Mais parallèlement s'est conservé et développé un esprit de pauvreté, de simplicité et d'humilité. Il a pris des formes diverses. D'abord, c'est la spiritualité du désert, avec saint Pacôme, saint Antoine, saint Paul ermite. Il s'agit de fuir le monde et de rencontrer Dieu dans la solitude et c'est en fait une tout autre conception de la religion, qui s'appuie peut-être sur un souvenir de l'histoire religieuse biblique où le désert joue un si grand rôle. Puis on voit naître et s'épanouir le monachisme en Occident, avec saint Benoît et sa règle : vie d'obéissance, de prière, de pénitence et de travail. Les moines récitent l'office, méditent, mais aussi défrichent et cultivent, tout en conservant une vie intellectuelle d'études et de réflexions. Plus que les pompes d'une Église

trop visibles, où certains verront les pompes
mêmes de Satan, c'est l'œuvre des moines
qui a sans doute le plus contribué à former,
dans le peuple fidèle, le véritable esprit
chrétien. Sans doute y eut-il des périodes
sombres, où les monastères, les abbayes avec
leurs bénéfices, succombèrent aux tenta-
tions. Mais de nos jours où tout semble
vaciller, c'est encore vers un renouveau du
monachisme que beaucoup de jeunes se pen-
chent. Car on ne peut servir deux maîtres :
Dieu et Mammon.

L'islam

Un jour, des déserts d'Arabie, se précipitèrent sur l'ancien monde ceux qu'on a appelés
les « Cavaliers d'Allah ». Certaines villes ten-
tèrent de leur résister, mais en vain ; un
grand nombre se rendirent, telle Gaza qui, à
ce que rapporte l'historien Balâdhurî, fut
livrée par son évêque. Ce n'étaient pas des
envahisseurs ordinaires, simplement avides
de conquêtes et de butin (encore que les
hommes ne soient jamais affranchis de
toutes convoitises) : ils apportaient avec eux
une foi, celle qu'avait prêchée le prophète
Muhammad et qui se présentait comme le
rappel de la foi d'Abraham, le père des
croyants, l'ami de Dieu. Il fallait la restaurer,
car les juifs et les chrétiens l'avaient faussée,

en dissimulant ou en altérant les vérités contenues dans la Thora authentique et dans l'Évangile authentique, révélés aux prophètes Moïse et Jésus.

Le monothéisme absolu est affirmé par le Coran, parole éternelle et incréée de Dieu, de la façon la plus brutale et la plus tranchante. « Prêche, au nom de ton Seigneur qui créa » (96, 1). Cet ordre adressé au Prophète est, selon une tradition, le premier verset révélé. La révélation est conçue comme la descente, « tanzîl », de la Parole de Dieu sur un prophète. Elle n'a, pour ainsi dire, qu'une dimension verticale, marquant ainsi l'absolue transcendance de Celui qui révèle. Elle ne s'inscrit pas dans la continuité d'une histoire ; elle y tombe en un point ; ce qui la précède dans le temps, qu'il s'agisse de la vie du prophète ou de la vie du peuple, ne compte absolument pas. Le Dieu unique décrète, juge, gouverne d'en haut. Il crée tout ce qui existe et n'est pas Lui, et « aucune chose n'est semblable à Lui » (42, 11). Il crée ce qu'Il veut et quand Il le veut ; lorsqu'Il décrète de créer, Il n'a qu'à dire « Sois ! » (« kun ») et la chose est (2, 117 ; 3, 47 ; 16, 40 ; 19, 35 ; 36, 82 ; 40, 68). Il est omniscient, tout-puissant, sage ; Il parle. De même qu'il fait ce qu'Il veut, Il commande ce qu'Il veut. L'homme n'a à l'interroger ni sur ses actions ni sur ses commandements, car c'est Lui, au contraire, qui interroge l'homme (21, 23). Ce qui est exigé de ses serviteurs, c'est la stricte obéissance et la soumission à sa volonté. Le mot « islâm » signifie précisément cette soumission. L'islam demande par conséquent, comme loi fondamentale, non seulement qu'on n'associe à Dieu ni rien ni personne dans le culte et dans la foi, mais qu'on n'obéisse à rien d'autre qu'à Lui : l'homme qui se laisse guider par ses passions, ses désirs ou ses intérêts, tout comme celui qui suit sa raison et son jugement personnels, se rend coupable de « shirk » (association). Toute vérité vient de Dieu, et ce qui ne vient pas de Lui est illusion. La science donnée à cette créature qu'Il a douée de raison et de cœur (« qalb »), est la seule et unique valeur pour l'homme. L'opinion que se forme la pensée humaine livrée à elle-même est une erreur condamnable. Dieu est le Créateur, « al-Khâliq » ; Il est aussi Celui qui fait subsister ce qu'Il a créé, « al-Râziq ». Il éclaire et vient au secours ; Il prend pitié et pardonne à ceux qui se repentent de leurs fautes ; Il récompense au paradis les fidèles obéissants ; Il punit en enfer les infidèles et les rebelles. On peut dire que le dogme essentiel de l'islam est le « tawhîd » : l'affirmation de l'unicité divine.

Le Coran dénonce les divisions qui opposent juifs et chrétiens, juifs entre eux et chrétiens entre eux, et surtout leur refus de reconnaître la vérité de la Révélation

muhammadienne, car Muhammad, le
« sceau des prophètes » a été annoncé dans
leurs Livres sacrés. « Les juifs disent : les
chrétiens ne saisissent rien ; et les chrétiens
disent : les juifs ne saisissent rien ; et pourtant ils lisent le Livre. Ainsi parlent ceux qui
ne savent pas, tenant des propos semblables
aux leurs. Dieu jugera entre eux, à la Résurrection, sur ce en quoi ils sont en diver-
gence » (2, 113). Dieu avait accepté l'alliance
avec les chrétiens, mais, dit Dieu, « ils ont
oublié une partie de ce par quoi ils ont reçu
le Rappel (l'Évangile) ; aussi avons-Nous suscité entre eux l'inimitié et la haine jusqu'au
Jour de la Résurrection » (5, 14). Donc les
querelles qui dressent les chrétiens les uns
contre les autres, sont des châtiments que
Dieu leur envoie en raison de leur infidélité à
la Révélation qu'Il leur a envoyée par le
Christ.

En présence d'une telle situation, l'islam
se présente comme la restauration d'une
vérité unique qui doit faire l'unité de tous les
croyants. « Dis : — Ô gens du Livre (juifs et
chrétiens), venez-en à un propos qui soit à
égalité entre vous et nous : que nous n'ado-
rons que Dieu et ne Lui associons rien ; que
nous ne nous prenons pas les uns les autres
pour seigneurs, en dehors de Dieu ! — S'ils
tournent le dos, dites : — Soyez témoins que
c'est nous qui sommes soumis (« musli-
mûn »). Ô gens du Livre ! Pourquoi vous

disputez-vous au sujet d'Abraham, alors que
la Thora et l'Évangile ne furent révélés qu'a-
près lui ? N'avez-vous pas de bon sens ?
Abraham n'était ni juif ni chrétien ; il était
un juste (« hanîf »), soumis à Dieu (« mus-
lim ») et il n'était pas au nombre des associa-
teurs. Oui, les hommes les plus dignes
d'Abraham, ce sont en vérité ceux qui le
suivent, lui et ce prophète (Muhammad),
ceux qui croient. Dieu est l'ami protecteur
des croyants » (3, 64-65 ; 67-68).

Certes, par la simplicité de son dogme,
l'islam peut se présenter comme la foi qui
devrait être commune aux trois monothéismes. Il demande aux juifs et aux chrétiens de retrancher de leurs croyances tout ce
qu'ils y ont ajouté et qui n'est pas de Dieu à
ses yeux. Un seul Dieu, une seule foi, une
seule communauté, voilà ce qui fonde pour
les musulmans le véritable œcuménisme. Or
la foi, selon un « hadîth » célèbre, consiste à
croire en Dieu, aux anges, aux Livres, aux
Envoyés, au Jour Dernier, à ce qui est prédé-
terminé en bien et en mal. Il semble, en effet,
que sur un tel credo, tous les monothéistes
devraient tomber d'accord.

En fait, les trois monothéismes, en tant
que religions positives révélées, ne peuvent
arriver à s'entendre. Les Livres, les Envoyés
ne sont pas les mêmes ou ils ne sont pas
compris de la même manière. Le seul déno-
minateur commun serait le dieu des philo-

sophes. Mais il n'est pas l'objet d'un culte ; il ne fonde pas une communauté religieuse. Il conduit tout au plus à un simple théisme, voire à un déisme plus vague encore. Les « philosophes » du xviiie siècle ont parfois cru que le Coran prêchait un tel Dieu. Mais il n'en est rien. Ce qui paraît vrai néanmoins, c'est que l'islam a pu se propager assez facilement dans les pays de l'Empire byzantin, parce que le joug de Byzance était haï, parce qu'on supportait mal son orthodoxie tracassière, les luttes des évêques autour des sièges épiscopaux, les querelles théologiques dites justement « byzantines ». La prédication musulmane, par sa simplicité même, par l'idéal d'égalité, de justice et de bienfaisance qu'elle exigeait, au nom de Dieu, dans les relations entre croyants, fit une forte impression et exerça un puissant attrait, qu'elle a d'ailleurs conservé jusqu'à nos jours.

Mais les chrétiens, pour qui Dieu a révélé son propre mystère, ne pouvaient se satisfaire de ce Dieu qui se présentait comme volonté pure, dans une transcendance écrasante. De son côté l'islam niait avec horreur la Trinité et l'Incarnation. Quant aux juifs, il semble d'abord qu'ils auraient pu, d'un point de vue abstrait, être sensibles à l'enseignement coranique. Les ressemblances entre le judaïsme et l'islam sont profondes, et le Dieu de la Bible a bien des traits communs avec le Dieu du Coran. Mais l'islam admet la prophétie de Jésus et sa conception virginale ce que les juifs ne pouvaient accepter. Surtout, les Fils d'Israël trouvaient dans le Coran leur histoire pratiquement escamotée. Oui, il y est bien question d'Abraham, d'Isaac et de Jacob, des douze tribus, de Moïse, etc. Mais les activités de ces patriarches et de Moïse sont ramenées à ce qu'elles sont en islam dans le cas de tous les Envoyés. Ils prêchent l'unicité de Dieu, ils appellent à l'obéissance. Les circonstances historiques varient sans doute, mais elles sont comme un décor à peine esquissé. Le peuple à qui le Prophète est envoyé, écoute, répond, objecte, accepte, obéit ou se rebelle. L'alliance que Dieu conclut avec Lui ne vaut que pour le temps de la mission prophétique qui lui est adressée. Israël n'est qu'un peuple parmi tous les autres qui ont reçu des prophètes. Ainsi l'islam l'exproprie de son individualité singulière, de son histoire qu'il ignore délibérément, puisque la Révolution est pour lui une descente verticale et non une pédagogie horizontale dans le temps des hommes.

L'islam s'est d'ailleurs confronté aux mêmes problèmes que le judaïsme et le christianisme. Annonçant le Dieu unique en pays païens, et d'abord en Arabie, il dut, lui aussi, islamiser de vieilles coutumes. C'est ainsi que la Ka'ba de La Mecque avec la

Pierre Noire devint le centre religieux et que les rites du Pèlerinage (qui existait déjà à l'époque de la Jâhiliyya, « le temps de l'ignorance ») furent intégrés aux pratiques nouvelles. Plus tard, le développement du culte des saints et des confréries maraboutiques en Afrique du Nord en particulier fit ressurgir de vieilles pratiques et de vieilles croyances berbères. L'islam connut les divisions en sectes, les guerres entre croyants, tout comme le christianisme. Et la discorde régna entre les musulmans tout comme entre les juifs, entre les chrétiens et entre les tenants des trois monothéismes.

En un domaine, cependant, il se manifesta des convergences. L'idée d'un Dieu unique soulève des problèmes qui sont communs à tous : celui des attributs, celui de la création, celui du gouvernement divin, celui de la prédestination et du libre arbitre, celui des fins dernières. Dans les trois religions, il y eut certes des littéralistes et des fondamentalistes. Mais la philosophie grecque finit par imposer partout des cadres conceptuels, et la logique d'Aristote des méthodes de raisonnement. A Bagdad, dans la Maison de la Sagesse, « Bayt al-Ḥikma », fondée par le calife Ma'mûn, se concentra l'héritage philosophique et scientifique d'Alexandrie. Savants juifs, chrétiens et musulmans, se rencontrent pour traduire les ouvrages grecs. Au IVe-Xe siècle, Abû Ḥayyân al-Tawḥîdî nous a laissé un important témoignage de ces séances de nuit où, sans distinction de confessions, les esprits les plus distingués de la capitale califienne discutaient, sur pied d'égalité, des grands problèmes. En Espagne, dès la même époque, et surtout au vie-xiie siècle, des échanges de même genre, dus à une libre circulation extrêmement féconde des idées, ont lieu également. Il suffit d'évoquer les grands noms d'Averroès et de Maïmonide, l'école des traducteurs de Tolède, l'influence de cette activité intense sur la pensée médiévale latine.

Enfin, sur un autre plan, celui de la spiritualité et de la théologie mystique, la méditation sur le Dieu unique conduisit de puissants et profonds esprits, en dépit des différences dogmatiques, à décrire des expériences et à définir des valeurs de vie qui ont entre elles plus d'un point commun.

Il faut souhaiter la reprise de tels contacts entre les penseurs des trois monothéismes méditerranéens, dans des conditions qui pourraient être aujourd'hui plus favorables encore que par le passé. Notre culture et notre civilisation en tireraient assurément, comme ce fut le cas autrefois, de très grands avantages. Mais il semble, hélas! que les trois religions adoratrices d'un seul Dieu soient vouées à rester séparées. Et pourtant, il est écrit : « Que se souviennent et que reviennent au Seigneur tous les confins de la terre, et que devant sa face se prosternent toutes les familles des nations » (Psaume 22, 28-29). « Hommes ! Ayez la crainte de votre Seigneur qui vous a créés à partir d'une personne unique » (Coran, 4, 1). Et le même désir de l'unité des hommes, non plus seulement autour de Dieu, mais en Lui, s'exprime en saint Jean (17, 11), par l'ultime prière du Christ : « Je ne suis plus dans le monde, mais eux, ils restent dans le monde, tandis que moi, je retourne vers Toi, Père Saint, garde en Ton nom ceux que Tu m'as donnés, pour qu'ils soient un comme nous. »

Athènes et Jérusalem, en essaimant sur tout le pourtour de la Méditerranée, ont fondé par le concours de leurs cultures philosophiques et religieuses la civilisation du monde occidental. Pensée grecque, pensée juive, pensée chrétienne et pensée musulmane sont d'Occident de par leurs origines. Mais les religions monothéistes se sont de nos jours répandues par toute la terre. Elles ont dû se diversifier et s'adapter à différentes mentalités, sans cesser de s'opposer par leurs dogmes particuliers. Or le développement de la pensée occidentale dans les sciences physiques et humaines, dans les techniques et dans la philosophie des valeurs, pensée qu'elles ont inspirée et nourrie pendant de longs siècles semble aujourd'hui se retourner contre elles et les ébranler. Devant les menaces que la modernité fait peser sur elles, trouveront-elles le chemin, sinon de l'unité, du moins d'une redécouverte des idéaux communs qui les animent et des valeurs partagées qui font leur force et leur originalité ? Accepteront-elles de les défendre et de les épanouir ensemble, après ce long effort parallèle de réflexion et de méditation qui n'a pas eu d'égal et dont la patrie d'origine fut le bassin méditerranéen ?

Le miracle romain

Née sur un sol pauvre où des collines de tuf émergeaient de terrains marécageux, entre une montagne rude et une côte sans relief, Rome offre un exemple unique du passage d'un village de quelques huttes à un empire qui s'est cru universel. Succession de hasards heureux, génie d'un peuple forcé de triompher de conditions hostiles ? On ne s'engagera pas ici dans la voie des explications. Le fait seul importe et l'on ne saurait, en aucun cas, le tenir pour l'heureuse conséquence de la faiblesse des adversaires. Des Samnites aux troupes d'Hannibal, des Numides aux Germains ou aux Parthes, Rome connut des adversaires redoutables. Les qualités des derniers autant que l'éloignement du théâtre d'opérations mirent d'ailleurs des bornes à l'expansion romaine. La réussite romaine n'est pas moins singulière. Et curieusement le prestige de Rome s'est prolongé bien au-delà de la maîtrise politique. Survivance de mythes, mais aussi de notions fondamentales de l'ordre politique, social ou familial. Ces persistances ou ces résurgences au cours de quinze siècles interpellent l'historien. Moins apparentes, peut-être, et sans doute moins impressionnantes que la splendeur des ruines qui, sur tout le pourtour de la Méditerranée et parfois fort avant dans les terres, attestent la présence romaine, sa richesse ou sa force, ces survivances n'en sont pas moins l'une des données importantes des civilisations européennes, et de celles qui, à travers le monde, leur ont emprunté à leur tour.

L'héritage juridique de Rome, le plus souvent cité et le plus évident, s'inscrit dans un héritage idéologique plus large. Il ne nous appartient pas d'apprécier ce qu'il put être dans le domaine des lettres ou des arts. Mais il est indéniable dans la pensée politique.

C'est que l'expérience romaine fut ici d'une exceptionnelle richesse. Des premiers occupants du site de la future Rome on sait fort peu de choses. La vie modeste et frustre de quelques familles de pasteurs, dont les cabanes, groupées sur les collines, constituaient de petites communautés. L'organisation politique, qui s'esquisse à l'époque royale, ne s'affirme véritablement qu'avec la République. L'occupation étrusque, dans une seconde période de l'âge royal, contribue sans doute puissamment à substituer une

ville (« urbs ») aux agglomérations villageoises et à jeter les premières bases du
régime de la cité (« civitas »). Le nom même
de Rome est peut-être étrusque, comme le
sont les signes du pouvoir et l'une des
notions essentielles du droit public romain,
celle d' « imperium », d'où viendra, avec les
variations que l'on sait, le mot d'empire.

Sans doute ni le fait urbain, ni la notion
politique de cité, avec ses prolongements de
la citoyenneté et de la liberté, ne sont l'apanage de Rome. Le Proche-Orient du IIIe millénaire connaissait déjà des villes, et, dans la
Grèce du Ve siècle, un régime de cité
(« polis ») fut largement répandu. En Italie
même, et non seulement en « Grande
Grèce », les villes et l'organisation civique ne
furent pas ignorées. L'originalité de Rome
fut dans la conception qu'elle se fit de la cité.
Alors que la réflexion politique grecque voit
avant tout dans la cité une communauté
d'hommes (la cité athénienne est désignée
officiellement par l'expression « les Athé-
niens »), Cicéron, en bon Romain, tient la
cité pour fondée par le droit. La notion de
« res publica », qui n'est pas la forme républicaine du gouvernement, car le terme
demeure employé sous l'empire, répond à la
même conception. Il serait abusif de vouloir
y déceler le concept d'État tel que nous le
concevons aujourd'hui, avec ses services, sa
foule de fonctionnaires, ses organes centraux

et ses instances régionales. La « res publica »
du IVe ou du IIIe siècle avant notre ère, se
contente de quelques dizaines de magistrats
qui gèrent la cité. Sa maîtrise extérieure
n'est pas encore assez importante pour exi-
ger une forme d'administration propre (la
première « province » n'apparaît qu'en 241
avant notre ère avec la province de Sicile). Et
l'on ne saurait contester que « res publica »
évoque le peuple (« populus », « publicus »).
Mais là encore, Cicéron en témoigne (« De re
publica » I, 25, 39), le peuple n'est pas un
simple agrégat d'individus, c'est un groupe-
ment uni « par un consentement juridique et
pour l'utilité commune ». Une fois de plus
l'abstraction juridique l'emporte et elle
éclate dans la formule officielle, qui évoque
les deux organes de la République, l'Assemblée et le Sénat, « Senatus Populusque
Romanus ». Ce sont les instances juridico-
politiques, non les « Romains » en tant que
succession de personnes, qui incarnent la
cité. La différence avec la pensée grecque est
manifeste.

Née d'une réaction contre la « tyrannie »
des rois, mais servant les intérêts d'une
aristocratie, la République romaine ne fut
pas démocratique. Et par là encore elle se
distingue d'Athènes. Les assemblées politiques ne réunissent pas en un groupe indiffé-
rencié tous les citoyens, ce qui garantissait
l'égal poids de chaque voix. Ce système fut

celui de l' « ecclesia » athénienne. A Rome, l'âge, la fortune, l'origine, le domicile affectent à des « classes », des « centuries » ou des « tribus », dont les effectifs sont inégaux. Le calcul des votes prenant pour base ces groupements, ceux qui figurent dans une centurie ou une tribu peu « remplie » voient leur vote bénéficier de plus d'efficacité. D'habiles répartitions faites par le censeur, qui appartient le plus souvent au groupe dominant, la longue persistance du vote public qui, comme le rappelait Cicéron, permet aux hommes de bien de guider le choix des hésitants, des règles de vote qui favorisent la fortune, soumettent les assemblées « populaires » à la prépondérance d'une aristocratie qui monopolise à travers ces diverses sortes de manipulations, dirions-nous aujourd'hui, les fonctions politiques et s'assure d'importants profits.

Mais, si la République n'est pas égalitaire, du moins entend-elle protéger la liberté des citoyens contre les abus du pouvoir. Le recours au peuple contre les sentences de condamnations graves prononcées par un magistrat, la possibilité pour un magistrat de s'opposer à l'acte d'un de ses collègues ou d'un magistrat inférieur, voire de paralyser une décision prise, la concession de cette double prérogative aux tribuns de la plèbe en sont les signes les plus évidents. L'idéologie politique de la fin de la République et ses échos au début de l'Empire mettent cette liberté au premier rang des biens. Celle-ci ne se confond pas avec la licence, qui permettrait à chacun d'agir selon sa fantaisie. Elle s'accommode, pour les Romains épris d'ordre, d'une certaine discipline. La liberté est « dans les lois », dans l'acceptation volontaire de règles établies en commun. Elle est aussi incompatible avec l'arbitraire d'un roi qu'avec le désordre d'une démagogie. Mais, comme le dit fièrement Cicéron, « les autres peuples peuvent supporter la servitude, la liberté est le propre du peuple romain ». Aussi n'est-ce pas sans raisons politiques qu'Auguste, posant les assises du régime impérial, se dira encore défenseur de la liberté puisqu'il se pose en défenseur, garantissant qu'il veut avant tout rétablir l'appareil de l'ordre, de la liberté de principe du peuple romain, de sa liberté d'entité.

Équivoque mise très consciemment aux origines du régime nouveau et qui persistera longtemps. Lorsqu'en 27 avant notre ère, le Sénat dans une séance mémorable confie le pouvoir à celui qui le lendemain prend le titre d'Auguste, il n'entendait pas condamner la République. Il confiait à un homme, comme on l'avait fait bien souvent depuis un siècle, le soin de restaurer l'État et d'assurer la paix. Celui qu'il choisissait bénéficiait de la force des légions et du prestige de la victoire. Ce double titre fera bien d'autres empereurs au cours des six siècles du régime impérial. Mais le Sénat, gage de la continuité romaine et recours suprême dans les crises les plus graves, demeure sous l'Empire le gardien théorique du pouvoir. Il lui arrivera, lorsque le poids des armes ou l'hérédité dynastique ne s'y opposeront pas, de désigner l'empereur. Et si les assemblées disparaissent, sans être officiellement supprimées, dès le premier siècle de l'Empire, les magistratures subsisteront, privées sans doute de leur rôle politique, mais gardant un prestige auquel les chefs barbares, voire un Clovis, ne resteront pas insensibles.

Équivoque des apparences, qui ne sauraient masquer les réalités d'un régime nouveau. Dès Auguste, le pouvoir impérial s'affirme dans les faits. Il s'accroît progressivement et cherche de moins en moins à s'abriter derrière l'illusion républicaine. La monarchie administrative d'Hadrien dans la première moitié du IIe siècle, celle de la dynastie militaire des Sévères au début du IIIe siècle préparent la voie à la monarchie du Bas-Empire, qui se veut absolue, bien qu'elle soit souvent faible et dont l'absolutisme pratiqué est en réalité à la raison inverse de la puissance réelle.

Si la cité républicaine ne pouvait être qualifiée d'État, l'Empire en a indiscutablement les marques essentielles. Son autorité s'exerce sur un immense territoire que lui

ont donné, pour l'essentiel, les conquêtes de
la République, des côtes de l'Atlantique au
royaume Parthe, des confins du désert africain à la mer du Nord. Une administration
nombreuse, hiérarchisée, totalement indé-
pendante de la volonté impériale, gère les
provinces et assiste le prince. Armée,
finances, administration des domaines impériaux, justice constituent les services essentiels. Mais on ne saurait parler ni d'un
service public d'enseignement (si ce n'est
tardivement quelques écoles de droit qui
doivent former des fonctionnaires), ni d'un
service d'assistance (hors l'approvisionne-
ment de Rome puis de Constantinople, avec
les distributions à bas prix ou gratuites à la
plèbe urbaine, et quelques initiatives, rares,
de certains empereurs en faveur des plus
deshérités). L'efficacité du pouvoir compte
plus que le bien-être des sujets.

Soldat et administrateur, l'empereur est
aussi juge et législateur suprême. La politique rejoint ici le domaine où Rome excella,
celui du droit.

L'heureuse conservation des sources permet de suivre à Rome la lente formation d'un
système juridique. Certes notre information
reste imparfaite et laisse l'historien souvent
insatisfait. Mais les formes archaïques du
droit des XII Tables (ve siècle avant notre
ère) sont en plusieurs domaines assez bien
connues. Il est ainsi possible de se représen-

ter ce que fut le droit de la Rome naissante. Son extraordinaire renouveau entre le IIe siècle avant et le IIe siècle après notre ère, alors que s'affirmait la vaste entreprise de Rome, est beaucoup mieux connu et dans les mécanismes des transformations et dans ses résultats. A partir de là on peut suivre l'œuvre de la doctrine et la création législative jusqu'à la compilation justinienne qui fait la somme du passé et servira de point de départ aux droits européens d'Orient et d'Occident.

La mise par écrit des règles juridiques, de la « Loi des XII Tables », très probablement vers le milieu du Ve siècle avant notre ère, supposait déjà une longue histoire qui demeure aujourd'hui quasiment inconnue. Le droit archaïque que révèlent les XII Tables n'est donc plus un droit « primitif ». A la différence de beaucoup de droits de l'Orient ancien, il ne prétend pas traduire la volonté des dieux. Œuvre de législateurs humains, dont la légende a voulu conserver les noms, il est un droit laïc, le « ius », distinct du « fas », qui régit les relations des hommes et des dieux. Ainsi s'affirme de bonne heure la spécificité du droit en face de la religion. Ce fut là sans doute l'une des causes de son progrès et de son exceptionnelle qualité à Rome. Mais le droit des XII Tables porte encore la trace des liens plus anciens et peut-être d'une communauté primitive où règles juridiques et principes « religieux » se distinguaient mal d'un ritualisme surtout magique. La valeur des termes, parfois accompagnés de gestes rituels, particulièrement évidente dans le formalisme du procès archaïque, mais que n'ignorent ni le droit de famille ni celui des contrats, rappelle ces liens anciens. Les sanctions pénales, qui abandonnent le coupable à la vengeance des dieux (« supplicium », « sacratio »), la place qu'accorde le droit aux rites funéraires, la soumission de la vie juridique à un calendrier religieux montrent que les relations anciennes entre droit et religion ne sont pas encore totalement rompues.

Respectueux du passé, même lorsqu'ils l'abandonnent, les Romains n'ont pas abrogé les XII Tables. Ils s'en sont détournés pour le droit plus moderne que requérait une nouvelle société. La conquête du bassin méditerranéen a fait du village une grande puissance. Les échanges commerciaux et intellectuels avec les pays conquis modifient profondément la société. L'économie pastorale puis agricole de l'âge ancien fait place à une économie commerçante. Les petits domaines exploités en commun par la famille et quelques esclaves sont concurrencés et souvent absorbés par les grandes propriétés qu'à travers l'empire exploitent pour de riches citoyens des troupes serviles. La spéculation grecque pénètre l'esprit romain, malgré les mises en garde des conservateurs qui craignent l'effondrement des vertus antiques. La cellule familiale éclate. L'autorité patriarcale du chef de famille doit composer avec l'activité économique de ses fils et, progressivement, la « petite famille », reposant sur les liens du sang (ou sur l'adoption qui les imite), l'emporte sur les vieilles structures d'une famille fondée sur les liens de puissance.

Le droit doit s'adapter à ces bouleversements. Curieusement la pensée grecque, qui ne s'était guère souciée de mettre en forme le droit des cités grecques, fut amplement utilisée par les juristes romains pour développer et construire le droit « classique ».

Le rare équilibre de ce droit, et ce qui fait sans doute sa valeur permanente et presque universelle, résulte de cette combinaison que sut réaliser le génie romain entre un souci très concret des besoins pratiques et l'insertion du droit dans un cadre de pensée doctrinale.

La création de nouvelles règles, l'établissement de nouveaux rapports sociaux, économiques, familiaux, l'apparition de nouveaux types d'actes juridiques pour faciliter l'acquisition et le transfert des biens, toutes choses que requéraient impérativement les transformations de la société entre le IIIe siècle avant notre ère et le Ier siècle de notre ère, fut pour l'essentiel l'œuvre de magistrats chargés de la justice : les préteurs (et le gouverneur dans les provinces). C'est à l'occasion des difficultés qui lui étaient soumises que le préteur, grâce au mécanisme technique de la procédure « formulaire », fut conduit à protéger des situations nouvelles, et par-là même à créer des droits nouveaux. Méthode tout empirique qui part de la situation concrète exposée en justice et qui, si elle l'estime juste, assure sa protection. A l'inverse de nos conceptions modernes qui partent de l'individu, lui reconnaissent des droits et ensuite les sanctionnent, les Romains ont « donné l'action », créant par-là le droit. La souplesse du procédé est extrême. Il permet de suivre les transformations et les nouveaux besoins d'une société en pleine mutation, presque au jour le jour. Au lieu du recours toujours lourd et long au législateur, c'est le magistrat qui crée un « droit prétorien ». Ainsi furent reconnus, entre autres, les droits des parents par le sang dans la dévotion successorale, la validité d'un transfert de propriété qui ne s'embarrassait plus de vieilles formes trop compliquées, des contrats aussi usuels que le dépôt ou la société.

Le danger d'une telle souplesse est de conduire au désordre, voire à l'arbitraire. S'ils furent sensibles aux besoins de leur temps, aux transformations de la société et de la famille, les juristes classiques furent aussi marqués par des modes de pensée. Ils bénéficiaient d'une formation intellectuelle, souvent stoïcienne, parfois très éclectique qui leur fournit les formes du raisonnement et les fondements de la décision. L'argument d'analogie justifie l'extension d'une solution acquise à des situations voisines. Les catégories du genre et de l'espèce permettent des classifications et, par-là même, l'établissement de règles générales, valables pour tous les éléments d'un ensemble. L'appel à la bonne foi vient souvent corriger les rigueurs et parfois les injustices auxquelles conduisait le formalisme ancien. Plus largement encore l'argument d'équité justifie d'innombrables décisions et permet de trancher des débats doctrinaux.

Car, et c'est un trait essentiel du droit classique, la recherche de la meilleure solution est parfaitement libre. Les jurisconsultes appelés à donner des consultations, à guider les plaideurs, à conseiller les juges, se sont d'abord recrutés dans le groupe étroit des grandes familles de la « nobilitas » romaine. Milieu aristocratique et relativement étroit, qui dispose de la fortune, peuple le Sénat, fournit les magistrats. Mais cette participation à la vie politique est ouverture aux réalités du temps et le plus souvent une large culture et de fortes traditions familiales contribuent à la solidité de leur sens juridique. Avec la fin de la République et les débuts de l'Empire ce cercle de juristes s'élargit. Les chevaliers y côtoient les vieilles familles sénatoriales. Des Italiens et bientôt des provinciaux supplantent en nombre les purs Romains. Diversité des origines, des formations, des options personnelles qui se traduisent dans la variété des opinions juridiques. Divergences que n'explique pas le seul dualisme des « écoles » sabinienne et proculienne. Esprit de tradition et impulsions novatrices ne distinguent pas seulement des groupes ou des hommes. Ils apparaissent parfois tour à tour chez un même juriste.

A côté de l'activité créatrice du préteur et de la libre recherche des juristes, s'affirme de plus en plus l'action de l'empereur et de ses bureaux. Auguste avait refusé la « cura legum », mais des documents épigraphiques attestent qu'il exerça en fait une activité législative. Modeste aux origines, la législation impériale, sous forme de constitutions, se développe rapidement. Dès le IIe siècle, elle supplante l'activité créatrice des préteurs. Au IIIe siècle on ne discute plus un pouvoir qui s'est, en fait, imposé. La législation impériale est désormais de beaucoup la plus importante source de droit. L'effacement des préteurs, la prépondérance des édits et des rescrits, traduisent, dans l'histoire de la création du droit, la mutation politique qui a fait de l'empereur le maître du pouvoir, réduisant les magistrats à des rôles subalternes.

Mais la loi impériale émane rarement de

l'empereur lui-même. Elle est préparée, rédigée dans les bureaux, où des juristes, parfois les plus illustres, ont été appelés. Leur nom n'apparaît pas dans les constitutions, présentées comme l'œuvre de l'empereur. Cependant c'est à eux que la législation impériale doit ses qualités, sa précision technique, son sens des besoins concrets, mais aussi son désir de faire régner l'équité.

D'ailleurs jusqu'aux premières décennies du IIIe siècle l'activité doctrinale persiste et c'est là qu'on retrouve le nom des grands juristes. C'est alors, de Julien, au début du IIe siècle, à la triade célèbre Papinien, Paul et Ulpien, au tournant du siècle, que la doctrine juridique romaine connut son apogée. Abondance des œuvres, variété des genres, diversité des opinions, finesse des analyses, concision du style font de cette période le sommet de l'âge classique. Avec la crise, au milieu du IIIe siècle, disparaît cette lignée de grands juristes.

Ce qui émerge de la période qui va du milieu du IIIe siècle au règne de Justinien (527-565), à côté d'une législastion abondante, mais souvent touffue et mal observée, c'est d'abord l'apparition, dans quelques grandes villes, d'écoles de droit, municipales ou impériales, où se forment, en étudiant les œuvres classiques, ceux qui doivent alimenter le corps considérable des fonctionnaires. Rome, Alexandrie, Beyrouth, Contantinople attirent les futurs administrateurs de l'Empire. L'éclat de Beyrouth ou Ve siècle est demeuré célèbre.

L'autre fait essentiel est le souci constant de rendre accessible l'immense somme de droit que, depuis le dernier siècle de la République, préteurs, jurisconsultes et empereurs ont sans relâche accrue. Comment disposer de textes innombrables ? Comment s'aiguiller dans cette masse, où fourmillent les solutions divergentes, parfois contradictoires ? Souci d'autant plus grand que les utilisateurs, et tout spécialement les juges, manquent souvent de culture et parfois d'honnêteté. D'où des essais privés de compilations, recueillant des éléments de la législation impériale et des fragments d'œuvre de doctrine. Utilisant le support matériel nouveau du « codex », qui tendait à se substituer aux longs rouleaux, les compilations de constitutions impériales en prirent le nom appelé à un singulier succès. Ce furent les premiers « codes », d'abord œuvre de juristes privés (code Grégorien et code Hermogénien), puis codification faite par ordre impérial et bénéficiant d'une autorité officielle : code de Théodose II en 438 et code de Justinien en 529.

Ce code réalisait la première étape du grandiose projet formé par Justinien (527-565) : rendre sa grandeur à l'Empire romain.

Restauration de son intégralité territoriale, par la reconquête de l'Occident : Italie, Espagne, Afrique, passées sous la domination de chefs germaniques. Mais restauration aussi d'un droit qui se veut « classique ». D'où le retour à la jurisprudence et aux constitutions du Haut-Empire, que facilitait grandement l'étude dont elles avaient été l'objet dans les écoles de droit. Mais le projet était à la fois plus pratique et plus ambitieux. Il ne s'agissait pas en effet de sauver l'héritage du passé comme un témoin vénérable de temps révolus. Le but était pratique : donner aux praticiens, juges, avocats, rédacteurs d'actes, mais aussi aux simples particuliers, des recueils maniables, où les constitutions anciennes et la doctrine classique seraient en partie recueillies, et, s'il était nécessaire, corrigées pour être conformes au droit du vi^e siècle. Témoignage une fois encore du respect de la tradition, même lorsqu'on n'hésite pas à la corriger.

Si pour les constitutions impériales, les codes antérieurs fournissaient des modèles où l'on pouvait puiser, le travail était beaucoup plus ardu pour les œuvres doctrinales. La masse à dépouiller était considérable : quelque 2 000 livres et 3 millions de lignes, disait Justinien lui-même en fixant sa tâche à la commission composée de onze avocats, des professeurs et deux hauts fonctionnaires. On prévoyait un travail de dix ans. L'œuvre fut achevée en 3 ans (530-533) et ce fut le Digeste. En 533 également, était publié un manuel sommaire, les Institutes, largement inspirées du manuel du même nom qu'avait donné Gaius quatre siècles plus tôt. Enfin en 534 le code connaissait une seconde édition. La compilation justinienne était achevée. Mais non l'activité législative de Justinien. Aussi ses constitutions postérieures à 534 et quelques-unes de ses successeurs jusqu'en 575 ont été réunies par la suite dans des collections de « Novelles ».

Si on laisse de côté le manuel, où d'une façon claire et brève était exposé l'essentiel du droit privé romain et les principes généraux de la procédure civile, les deux principaux recueils, le Code et le Digeste, offraient aux praticiens une masse impressionnante de données juridiques. L'un comme l'autre, divisés en livres (12 pour le Code, 50 pour le Digeste), eux-mêmes subdivisés en titres, étaient composés selon un plan dogmatique, qui réunissait dans un même titre des textes d'époques très différentes mais se référant à la même matière.

Le Code réunissait non la totalité de la législation impériale, mais, négligeant les redites ou les dispositions vieillies, tout ce qui restait applicable à l'époque de Justinien. Les constitutions retenues allaient du règne d'Hadrien, pour les plus anciennes, à 529 (534 pour la seconde édition).

Dans le Digeste, les compilateurs avaient recueilli quelque 9 000 fragments des œuvres de la jurisprudence classique, extraits de 1 625 livres. Plus du tiers de ces textes venait des écrits de cinq juristes, déjà mis en vedette en 426 par une loi de Valentinien III, dite « loi des citations ». Il s'agissait de Gaius, des trois grands juristes de l'époque des Sévères, Papinien, Paul et Ulpien, enfin de l'un des derniers juristes de l'âge classique, Modestin.

Justinien avait demandé à ses commissaires d'éliminer les règles désuètes et les discussions doctrinales. Ces prescriptions furent mal observées. Si cette défaillance rendait le Digeste plus lourd et peut-être moins facilement utilisable dans l'immédiat, elle eut l'inappréciable avantage de conserver aux âges futurs certaines solutions qui, sans elle, demeureraient ignorées. Elle eut aussi le mérite de sauver de l'oubli des controverses entre juristes qui permirent par la suite de mieux connaître leur méthode et d'y trouver souvent des exemples de raisonnement juridique.

Ainsi la volonté justinienne de rassembler en deux recueils l'imposant héritage juridique de Rome dans ce qu'il avait encore d'utile et l'heureuse négligence des compilateurs qui retinrent plus qu'on leur demandait, faisaient de la compilation non seulement la somme de six siècles d'histoire juridique mais aussi le point de départ de la longue histoire de l'héritage romain.

Le prestige de Rome sillonne l'histoire de l'Europe. Dans le vocabulaire d'abord et dans les titres, du consulat dont se parait Clovis, au collège consulaire de l'an VIII et à l'empereur de 1804. « Kaiser », « czar » ou « tzar » se réclament de César. L'emprunt verbal n'est pas l'apanage du souverain. Marqués par les souvenirs antiques, qui hantaient la pensée révolutionnaire, les pères du régime consulaire et impérial retrouvent le tribunat, le sénat, les préfets. L'Europe et l'Amérique dans cette fin du XXe siècle ne les ont pas répudiés.

Le mot n'est qu'un symbole et les survivances politiques ont été plus profondes. Transféré de Rome à Constantinople, l'Empire se poursuit en Orient dans l'empire byzantin, de moins en moins romain sans doute, mais, on le dira plus loin, où le droit privé romain laisse une trace profonde. En Occident, l'Empire de Charlemagne puis celui d'Otton I, tous deux couronnés à Rome, veulent restaurer et prolonger celui des empereurs romains. Et, dans sa longue histoire, le Saint Empire romain germanique garde le nom et le souvenir de Rome. Les empereurs germaniques médiévaux, parés de titulature romaine, font insérer leurs constitutions à la suite de celles qu'avaient réunies le Code de Justinien.

Plus profondément, la doctrine politique des juristes romains fournit arguments et modèles aux conseillers des princes, qui, en Angleterre ou dans l'Empire, en France comme à la Cour pontificale, restaurent l'idée d'un État puissant et centralisé. Dès les xiie-xiiie siècles, cette utilisation du droit romain devient éclatante.

Elle s'explique par la découverte, dans des conditions dont l'obscurité laisse large place aux hypothèses et aux légendes, de la compilation justinienne, que l'Occident du vie au xie siècle avait à peu près oubliée. Si le Digeste et le Code traitaient surtout de droit privé, et on verra plus loin l'importance de leur apport en ce domaine, ils avaient fait une place (grande surtout dans le Code) au droit public. Des formules bien frappées affirmaient le pouvoir législatif de l'empereur et reconnaissaient en lui le maître de la justice. La théorie du mandat justifiait la délégation du pouvoir du prince à ses agents. Les multiples textes consacrés aux fonctionnaires impériaux, rattachés à l'empereur par une organisation hiérarchique rigoureuse, permettaient d'ordonner les rouages complexes d'une administration centralisée dans de jeunes États qui tentaient de réduire l'émiettement féodal.

Cette découverte d'une pensée juridique neuve, infiniment plus élaborée que celle

dont s'était contenté le Haut Moyen Age
marque l'un des tournants majeurs de l'histoire de la civilisation occidentale. Les textes
retrouvés sont aussitôt étudiés, discutés, uti-
lisés. C'est la tâche des écoles, et, à côté de la
philosophie, de la théologie, de la médecine
(qui elles aussi bénéficient d'héritages antiques récemment retrouvés), le droit suscite
la transformation des écoles épiscopales du
Haut Moyen Age en universités. Bologne,
l'une des premières et peut-être la plus
ancienne (il est difficile de fixer une date
d'origine pour ce qui résulte de transformations dont le détail reste mal connu), fut le
temple du Droit.

C'est à quatre docteurs bolonais, imbus de
droit romain, que Frédéric Barberousse
demande en 1158 de dresser la liste de ses
droits royaux (« regalia »). Droits d'origine
seigneuriale sans doute, mais que les docteurs affirment en rappelant une règle de
droit romain : on ne peut prescrire contre le
prince. En Angleterre, un siècle plus tard, le
traité de Bracton sur « les lois et coutumes
d'Angleterre » trahit la culture de romaniste
de son auteur. En France, comme dans d'autres pays d'Europe, l'acceptation du droit
romain n'allait pas sans risques politiques.
L'Empire germanique s'affirmant continuateur de celui des Césars, tolérer le recours au
droit romain n'était-ce pas implicitement
reconnaître une dépendance vis-à-vis de

l'Empire ? Peut-être est-ce la raison pour laquelle l'enseignement du droit romain fut interdit à Paris. Défense mal observée à Paris même et qui ne s'étendait pas aux autres universités du royaume. Le prestige du droit romain, sa supériorité technique, assuraient son succès et son utilisation. Un adage, largement répandu, le fortifiait en même temps qu'il réfutait l'objection politique. De bonne heure, en effet, s'était répandue une maxime selon laquelle le « roi est empereur en son royaume. » Indépendance par conséquent vis-à-vis des souverains germaniques ; égale autorité des princes qui font valoir l'adage, en prenant pour référence une fois encore Rome.

Des maximes romaines fournissent l'appui doctrinal à l'essor du pouvoir royal, qu'assuraient d'autre part négociations politiques, alliances dynastiques ou conquêtes militaires. Les légistes, serviteurs discrets et efficaces de la monarchie française, ont l'esprit façonné par le droit romain. Si le roi de France est « Loi vive », c'est que les juristes romains avaient dit de l'empereur qu'il était « lex animata ».

La papauté elle-même, qui, depuis Grégoire VII à la fin du xiᵉ siècle, organise ses services et affirme son empire temporel, trouve dans le droit séculier païen des arguments et des techniques. Depuis longtemps les clercs, hommes d'Église et hommes de

culture, avaient compris l'intérêt du droit
romain pour construire le leur. Jamais les
collections juridiques chrétiennes ne
l'avaient négligé, contribuant par là à sa
persistance dans le Haut Moyen Age. Mais
avec la renaissance du droit romain à partir
du XIIᵉ siècle, sa place dans le droit de
l'Église devient considérable. La théorie
romaine du mandat permet de construire
celle des légats pontificaux. La procédure
romaine inspire celle qui l'emporte désormais dans les cours d'Église en attendant de
gagner les juridictions séculières. Ce fut la
procédure « romano-canonique », dont nos
codes de procédure modernes portent encore
les marques. La définition du mariage que
donnent les canonistes des XIIᵉ et XIIIᵉ siècles
reprend, à très peu de chose près, celle des
juristes païens du IIᵉ siècle. Il serait facile,
mais fastidieux, de multiplier de tels exemples. Retenons seulement que l'autorité pontificale elle-même ne fut pas sans tirer profit
des doctrines du pouvoir impérial. Sans
s'arrêter au détail des règles et des prérogatives, on rappellera seulement le poids de la
légende forgée vers le milieu du IXᵉ siècle,
peut-être à Rome même et par un clerc, qui
faisait du pape le maître de Rome, et en
quelque façon le continuateur en Occident
des empereurs romains passés en Orient. Il
s'agit du faux connu sous le nom de « Donation de Constantin ». Ce texte — dont le

caractère apocryphe, probablement vite décelé par certains, ne sera pleinement reconnu qu'au xve siècle par l'humaniste Laurent Valla — se présentait comme une disposition de l'empereur Constantin abandonnant au pape Silvestre tout pouvoir sur Rome et sur tout l'Occident. Il attribuait au pape les insignes du pouvoir que portait l'empereur, lui reconnaissait les mêmes droits et les mêmes privilèges et accordait au clergé romain le droit et les honneurs des sénateurs de Rome. L'outrance des concessions, l'incohérence de certaines assimilations, trahissaient le faux. Qu'elles aient pu être tentées et qu'elles aient trouvé un large accueil prouve combien l'héritage romain paraissait évident... et désirable. Malgré ses invraisemblances, la Donation fut crue et utilisée. Arme à double tranchant, elle fournissait une base aux prétentions temporelles du pape, mais, dans la mesure où son pouvoir se présentait en fin de compte comme une concession impériale, elle le faisait dépendre du bon vouloir de tout prince qui, à son tour, était parvenu à fournir l'image convaincante du bien-fondé de ses prétentions impériales. On comprend que le texte ait servi les deux camps.

Moins prestigieux et moins éclatants que les emprunts aux doctrines et à l'idéologie du pouvoir impérial, ceux faits au droit privé romain ne sont pas moins nombreux et, parce qu'ils marquent encore aujourd'hui les droits latins et germaniques et dans une mesure moindre mais non négligeable la tradition byzantine ou anglo-saxonne, leur importance comme fait de civilisation est peut-être plus grande.

Dans la partie orientale de l'Empire romain, la mort de Justinien (565) ne marquait pas une rupture. L'empire byzantin avait commencé avec le transfert du pouvoir dans la nouvelle Rome par Constantin (320). Il se poursuivra jusqu'à la conquête ottomane (prise de Constantinople en 1453). Le droit de la compilation justinienne reste par conséquent applicable aux populations soumises au « basileus ». Il sert de base à de multiples ouvrages qui à partir du VIIIe siècle adaptent une œuvre trop volumineuse et trop complexe aux besoins plus limités des praticiens. Par définition partie indissociable de l'édifice impérial byzantin à qui elle offrait son image de miroir, l'Église, de son côté, insérait de nombreuses constitutions impériales d'objet ecclésiastique à côté de textes des Pères et des conciles dans ses recueils législatifs, dont le caractère composite explique le nom de « nomo-canons ».

L'utilité que présentait encore à la fin du IXe siècle la compilation justinienne est attestée par la refonte qui en fut faite sur l'ordre de Léon le Sage (886-911). Le nouveau recueil, connu sous le nom de « Basiliques », réunissait en soixante livres de façon méthodique ce qui dans le Code, le Digeste, les Institutes et les Novelles demeurait applicable. Trop volumineuses pour l'usage courant, les Basiliques suscitèrent des résumés, des abrégés, de nouveaux manuels. En 1345, un juge de Thessalonique, Constantin Harménopoulos, publiait son « Hexabiblos » (il était composé de six livres), qui exposait les principes du droit romain encore en vigueur en Orient à cette date. Par l'intermédiaire de ce manuel, l'influence romaine se fera sentir pendant de longs siècles dans le droit de pays qui avaient relevé de l'empire byzantin.

La survie du droit privé romain en Occident connut une histoire plus complexe, contre-coup des vicissitudes politiques et des fractionnements de l'Empire en souverainetés multiples.

Dès avant Justinien, l'Empire romain n'existait plus en Occident (476). Mais, avec la reconquête tentée par l'empereur, sa compilation fut introduite en Italie. Trop complexes, le Digeste et même le Code n'eurent guère de succès. Les Institutes, manuel sommaire, furent mieux accueillies par des praticiens dont la culture juridique était modeste. C'est dans ces conditions qu'une certaine survie d'un droit romain « savant » fut rendue possible. Mais en Occident elle ne dépassa pas l'Italie.

C'est par l'héritage post-classique, essentiellement par le Code théodosien et un manuel sommaire, qualifié abusivement de « Sentences de Paul », que la tradition juridique romaine persista dans l'Occident du vi^e au xie siècle.

Les lois rédigées dans les jeunes monarchies des Burgondes, des Wisigoths, des Ostrogoths, s'en inspirent largement. La « loi romaine » des Wisigoths, connue sous le nom de « Bréviaire d'Alaric » (506), est faite pour l'essentiel de textes du Code théodosien et des Sentences de Paul. Les formulaires d'actes de la pratique, donation, testament, vente, etc., gardent des souvenirs romains. L'Église, qui déclare « vivre sous la loi romaine », mêle dans ses recueils juridiques textes ecclésiastiques et tradition romaine. Première adaptation du droit romain à une société pour laquelle il n'avait pas été fait et dont les structures politiques, économiques et sociales différaient profondément de celles de la Rome ancienne. Progressivement d'ailleurs des coutumes locales, mieux adaptées aux besoins de la société, se formaient, qui réduisaient d'autant le champ d'application d'un droit romain mal compris et souvent trahi par ses utilisateurs.

Retrouvée dans la seconde moitié du xie siècle, la compilation justinienne fut le point de départ d'un renouveau juridique en Occident, dont on a dit plus haut l'importance pour l'histoire politique. Le rapide essor des écoles où le droit est enseigné, de Bologne à Orléans, d'Oxford à Salamanque et la pléiade des universités qui peu à peu couvrent l'Europe fournissent en abondance juges, avocats, praticiens qui mettent leur culture de romanistes au service de la société médiévale. Grâce à eux, la technique juridique romaine, les notions et les règles pénètrent les décisions judiciaires comme les actes de la pratique. Les modalités de cette « réception du droit romain » en Occident, ses dates et ses étapes, les résistances qu'elle rencontra parfois ont suscité d'innombrables recherches. On ne peut pas encore dresser un tableau sûr et complet de cette renaissance. Mais les enquêtes partielles jalonnent l'itinéraire. Retrouvée en Italie, la compilation justinienne est étudiée à Bologne dès le dernier quart du XIᵉ siècle et les textes romains sont dès cette époque allégués en Italie dans des sentences judiciaires. Dès le premier tiers du XIIᵉ siècle, leur marque apparaît dans des actes du Midi de la France et il n'est pas exclu que les relations commerciales des villes de l'Italie du Nord avec les ports languedociens aient été à l'origine de cette pénétration. Celle-ci se heurtera aux résistances d'une population réticente à l'égard de ce droit étranger ; sans aucun doute aussi à celle de praticiens peu enclins à modifier leurs formulaires. Retard mais non échec. Progressivement, à la fin du XIIᵉ et au xiiie siècle, le droit romain s'affirme, se répand non seulement en France, mais également en Flandre, en Angleterre et jusqu'en Frise. Du xive au xvie siècle, il gagne l'Europe jusqu'à la Pologne, la Bohème et la Hongrie.

La place qui lui fut faite varie selon les pays. En Allemagne ou en Italie, il est « droit commun » auquel dérogent statuts ou coutumes locales. La France est partagée en « pays coutumiers » et « pays de droit écrit » (= droit romain) ; ce qui ne veut pas dire que ces derniers ne connaissent pas de coutumes (on en a relevé dans le Midi un grand nombre, certaines fort importantes), ni que le Nord coutumier ne fasse pas une place au droit romain. Mais la tradition romaine est plus forte dans les pays de droit écrit, la part de la coutume plus importante en pays coutumier. C'est ainsi que jusqu'au code civil de 1804 le droit romain conserve en France force obligatoire. Il fit même autorité en Allemagne jusqu'à la promulgation du code civil de 1900.

Sans doute ce droit romain, glosé par les docteurs et buriné par l'usage, avait-il parfois pris quelques libertés par rapport à celui qu'avait codifié Justinien. Entorses de détail qui ne touchaient pas l'économie générale du système et c'est à la rigueur de sa construction, à la finesse de ses analyses, à la plasticité que lui conférait une élaboration multiséculaire qu'il dut son succès et sa durée.

Ainsi s'explique le regain de prestige qu'il connut aux xviie et xviiie siècles, chez les juristes de l' « école du droit naturel ». La règle romaine leur parut l'expression de la raison naturelle et ils l'adoptèrent en cette qualité. Pour un âge qui eut le culte de la raison, quel plus bel éloge et quel plus grand titre à être respecté que de dire du droit romain qu'il était « la raison écrite ».

Habilement façonné par l'esprit des jurisconsultes romains, assuré par une tradition plus que millénaire, soutenu par l'autorité de la raison, le droit romain a dominé la pensée juridique européenne jusqu'aux grandes codifications de l'époque contemporaine : le code Napoléon de 1804 et le code allemand de 1900. L'un comme l'autre l'ont supplanté, en lui retirant désormais valeur de loi applicable. Mais tous deux l'ont sauvé, en s'inspirant souvent de lui. A travers ces codes, et ceux qui, par le monde, se sont inspirés d'eux, l'héritage du droit romain est venu jusqu'à nous. Il apparaît dans le vocabulaire et les notions fondamentales : propriété et contrat, obligation et succession, testament, legs ou servitudes, actions en justice, curatelle. La liste serait longue des mots repris à Rome et avec le mot, bien souvent, la notion juridique. Emprunts terminologiques semblables à ceux de la langue politico-administrative. Mais beaucoup plus nombreux et plus « réels ». Car les ruptures

politiques furent multiples, et si un vocabulaire fut repris ce fut pour désigner d'autres
institutions. Il en va différemment pour les
rapports privés. La longue continuité que
connut l'utilisation du droit romain du
Vᵉ siècle à nos jours assura, malgré les bouleversements économiques et sociaux, la persistance des notions et pas seulement des
mots. Celle aussi de règles et de mécanismes,
trop techniques pour être rappelés ici.

Un exemple suffira à illustrer cette fidélité
au système romain : c'est celui du mariage,
institution qui, plus que beaucoup d'autres,
paraît devoir être marquée par les transformations sociales et les changements de mentalité.

On a déjà dit comment, assez curieusement, le droit de l'Église chrétienne n'avait
pas cru pouvoir proposer au XIIᵉ siècle une
meilleure définition de l'union conjugale que
celle qu'avaient donnée, à la suite du juriste
païen Modestin, les Institutes de Justinien
(« viri et mulieris coniunctio, individuam
consuetudinem vitae continens »).
L'emprunt n'était pas seulement dans
l'expression qui décrit l'état de mariage. Il
est aussi, et c'est là l'essentiel, dans l'analyse
qui est faite de l'acte constitutif de cet état.

Il nous semble aujourd'hui très normal
que le lien matrimonial s'établisse dans sa
plénitude au moment même où les deux
époux échangent leur engagement récipro-

que. Deux questions brèves et la réponse monosyllabique. Avant il n'y avait rien. Dès cet instant tout est décidé. Solution qui a le grand mérite de la simplicité, donc de la sécurité. Il sera facile de dire, dès lors que la preuve de cet échange peut être faite, à partir de quand le mariage existe. Mais il est évident qu'un tel régime se montre indifférent au cheminement psychologique, qui, le plus souvent, précède l'engagement et plus encore à toutes les étapes (qui ne sont pas seulement négociations familiales) qui progressivement rapprochent les futurs époux. Or assez curieusement ce système, aujourd'hui répandu à travers le monde par les Européens, se révèle une singularité du droit romain. Rien de commun avec les rites matrimoniaux des systèmes traditionnels que connaissent bien les ethnologues. L'exemple des coutumes africaines est à cet égard probant. Dans l'Antiquité, même la solution romaine s'opposait au « mariage par étapes » qui, selon des modalités différentes, fut celui des autres systèmes juridiques. Les droits sémitiques, qu'il s'agisse du droit babylonien, des traditions hébraïques ou du mariage arabe, distinguent deux moments essentiels pour la formation du lien, la remise d'une somme d'argent (« tirhatu » babylonienne ou « mohar » hébraïque) et la remise de la jeune femme à son mari. Dans la Grèce classique, le

mariage comportait également deux étapes,
celle de l'engagement (« enguesis ») et celle
de la remise de la femme (« ekdosis »). Et les
vieilles coutumes germaniques connaissaient une distinction analogue entre la
« Verlobung » et la « Travung ». Le mariage
conclu par simple échange des consente-
ments est donc une originalité romaine. On
serait tenté d'y voir l'une des manifestations
de cet esprit de juriste qui, pour la simplicité
et la précision dont le droit est toujours
friand, sut réduire à un seul acte la com-
plexité des accordailles. « C'est le consentement qui fait le mariage », se plaisaient à
dire les juristes romains. Formule que repri-
rent les Pères de l'Église, pour écarter l'exigence de la consommation. A la suite de
Rome, le droit canonique fut donc consensualiste et il faudra attendre 1563 et le
Concile de Trente pour que l'on exige un
consentement public devant le prêtre. Lorsqu'à la fin du xviiie siècle le mariage fut
sécularisé, les législateurs, en France, mais
également en Prusse, en Autriche, aux Pays-
Bas ou dans l'Italie du Nord, conservèrent le
principe consensualiste et la publicité de
l'union. Ainsi, par le relais du droit de
l'Église, la conception romaine devint celle
des législateurs modernes.

Sur bien d'autres points nos codes n'ont
fait que conserver l'héritage romain. Sans

doute bien des réformes, surtout depuis quelque trente ans, tenant compte des transformations de la société et des mentalités ont
rompu avec ces traditions romaines. L'héritage s'amenuise, mais n'a pas disparu. Et
peut-être demeure-t-il le meilleur gage, par-
delà un langage commun et par-delà des
systèmes économiques en apparence diver-
gents, d'éventuels rapprochements entre
droits de nations différentes.

La famille

I.

A passer en revue la variété des domaines culturels qui s'étendent sur les rives de la Méditerranée, de l'Espagne à la Yougoslavie, de l'Italie centrale à l'Algérie, à la Tunisie, et au Moyen-Orient, on ne peut manquer de noter les différences de forme et de structure qui caractérisent la famille, les règles du mariage et les relations de parenté.

Ces différences semblent irréductibles : les nomades du désert organisent leurs relations de parenté selon des schémas qui ne peuvent s'assimiler à ceux d'une famille de métayers de l'Émilie ; pas de commune mesure non plus entre la grande famille serbo-croate, la « zadruga », et la famille close et rigidement cimentée de la Sardaigne traditionnelle. Il faut donc renoncer à penser à une racine commune, à une matrice unique des modalités culturelles et sociales de la famille.

Pourtant, malgré ces différences, s'entrevoit une communauté d'éléments. Certains caractères culturels, valeurs et conceptions bien définies, paraissent former une typologie commune des formes de la famille ; ils mettent en relief, plus profondément, des fonctions et des modes de vie de l'institution familiale qui sont très semblables d'une région à l'autre. Et ces importants points de convergence contribuent à créer un domaine culturel apparemment bien distinct par rapport aux zones limitrophes de la Méditerranée, soit d'Europe, soit d'Afrique et d'Asie.

La signification originelle du mot « familia » évoque le concept d'esclavage et de dépendance : la collectivité des serfs, des assujettis (latin : « famul », osque : « famel »), constituait, dès l'Antiquité, la base grâce à laquelle une lignée pouvait assumer une personnalité. La famille, la maison (« oikos »), les biens, la terre et les esclaves, constituaient la cellule de base d'une société rurale dont les structures présentent d'importants éléments communs qui réapparaissent à des époques et en des lieux différents.

L' « oikonomia », ensemble de fonctions, de compétences et de pouvoirs qui président à l'administration et à la distribution des biens, comme aux règles de conduite domestique et d'équilibre, était, pour Aristote, le domaine de base de l'autorité familiale.

Dans la famille, donc, au moins selon l'acception que ce concept a assumé dans les antiques civilisations méditerranéennes, et qui s'est transmise pendant longtemps jusqu'au seuil de la civilisation capitaliste, se retrouvent intimement liées deux idées : celle de totalité indivise et celle de dépendance. Ces deux idées complémentaires sont solidaires : la maison est le centre de réunion de tous les membres intégrés à la famille ; et le rapport de dépendance et de soumission lie la totalité des membres à une autorité centrale.

Dans la société traditionnelle méditerranéenne, la famille est le mode irremplaçable d'existence des individus ; chacun est tel que le définissent les relations familiales : père, fils, épouse, mère.

Quand les individus agissent, c'est la famille qui agit à travers eux ; quand la famille a des besoins, c'est à travers ses membres qu'elle intervient. « En agissant dans l'intérêt de tous, celui qui accomplit un acte (père, frère, fils, élu ou ensemble du groupe) engage toute la collectivité » (J. Gaudemet, « Les communautés familiales », Paris, 1963).

De même que le fait de manger est un acte collectif, celui de produire et de travailler dépend du concours, sans distinctions individuelles de rémunération, de tous les membres de la famille, de même, l'action en général, les rapports avec l'éxtérieur, les besoins mêmes, en un mot la vie, sont choses communes.

Dans cette société traditionnelle il n'y a pas de personnalités individuelles entières qui soient les synthèses d'histoires singulières, c'est-à-dire de biographie. C'est pourquoi il n'existe ni décision ni choix de conditions personnelles de l'existence. Les hommes ont devant eux des fonctions sociales préconstituées auxquelles ils devront s'adapter au fur et à mesure que la vie les portera à assumer les responsabilités que leur assigneront les relations de famille. Ils passent de la condition d'objet de tutelle à celle de sujet des obligations, des devoirs de responsabilité, des pouvoirs.

Dans ces conditions, tous, hommes, femmes, enfants, vieillards, sont autant d'expressions de la famille, contrairement à ce qui se passe dans d'autres sociétés, surtout dans des sociétés plus évoluées où la famille est l'expression de ceux qui la composent.

Cette priorité sociale et morale de la sujétion familiale semble commune aux différentes civilisations méditerranéennes. Sans doute sont-elles très différentes par leur histoire et leur stratification culturelle. Mais la fréquence des échanges culturels, l'assiduité des rapports commerciaux et sociaux ont déterminé à travers les siècles un enchevêtrement réciproque des différentes formes familiales et une convergence vers un mode commun de sentir.

La continuité est en effet remarquable, chez plusieurs peuples de la Méditerranée, dans la façon de vivre et de concevoir la vie morale, sociale, économique et biologique : l'amour sexuel, l'envie, le respect envers les anciens, l'amour filial, le sentiment de la mort et de l'au-delà tendent toujours précisément vers une seule et même conception de la famille qui tient le rôle de totalité et de communauté souveraine.

Cette forme organisée de l'existence, dans laquelle aucun individu n'est un sujet historique si ce n'est par rapport à une communauté familiale, comporte des caractéristiques précises en matière de conduite sociale, de langage, de travail et de production. En un sens, l'histoire en tant qu'événement collectif se fait à travers l'œuvre parcellaire de la famille. Leur incarnation politique (dans les conseils des anciens, c'est-à-dire des chefs de famille qui dirigeaient les affaires importantes des villages, ou même dans les relations d'autorité à l'intérieur même de la maison) fournit, outre la structure primordiale de toute décision de poids, un modèle capable de représenter les relations avec groupes et communautés qui ne dépendent pas strictement de la cellule familiale.

Ainsi, pendant longtemps, dans l'ensemble

méditerranéen les prestations de travail assujetti furent encadrées dans le schéma paternaliste du rapport père-fils et l'alliance matrimoniale eut pour fonction de sanctionner des unions de caractère politique et économique.

Les rapports familiaux, les sentiments qu'ils impliquent et qu'ils transmettent sous forme de valeurs universelles, deviennent le vivant support du langage de la vie sociale, donnent au pouvoir politique et religieux le véhicule précieux que demande celui-ci pour faire pénétrer dans la mentalité populaire le devoir de respect et de soumission. La même idéologie s'impose aux esprits sous forme d'un schéma de distribution des grâces paternelles : la personnalité même de la divinité est organisée selon un modèle patriarcal et celui-ci a pénétré intimement la structure psychologique et émotive de dizaines de générations humaines. Le fait de « s'en remettre » à l'instance supérieure sous forme de transport et de possession mystique, ou sous forme de sujétion totale de type filial, suggère une lecture qui se déduit facilement de la condition quotidienne de tous ceux qui, dans la famille multiple de type tribal ou dans la famille cellulaire, ne connaissaient d'autre forme d'existence que dépendante.

Il faudrait explorer avec précision les ressorts cachés de ces éléments de la structure mentale collective. Naturellement, c'est une entreprise des plus difficiles, étant donné qu'il n'existe pas de « vestiges mentaux » et que les « fouilles archéologiques » dans la psyché collective relèvent obligatoirement de l'induction à partir de traces indirectes. Aussi doit-on s'en tenir aux faits prouvés et concrets, comme s'il s'agissait des restes d'un édifice rasé, à partir desquels se déduit un plan mais s'imaginent seulement une élévation et un style.

Essayons de décrire ici les bases structurales propres à l'institution de la famille dans ses multiples variantes méditerranéennes. Nous entendons par base structurale essentiellement deux réalités : 1. la base économique et matérielle de la subsistance ; et 2. les formes d'organisation de l'unité, de l'autorité, de la cohabitation, c'est-à-dire les relations spécifiques de consanguinité et d'affinité.

Si ces données permettent de rechercher les formes de famille dans les différentes zones de la Méditerranée, elles permettront aussi d'entrevoir les sentiments et les formes mentales qui accompagnèrent, pendant des siècles, la vie individuelle et familiale de millions de cultivateurs, de bergers, d'artisans, de mendiants, de femmes, d'enfants et de vieillards. On pourra ensuite pénétrer peut-être l'hérédité psychologique et culturelle dont nous ne savons pas saisir l'origine.

II.

La typologie élémentaire des formes de la famille dépend d'abord des dimensions de cette dernière. D'un côté, la famille « large », ou « grande famille », de l'autre, la famille conjugale « étroite ». Cette différence ne touche que la cohabitation, l'organisation économique de la propriété et la transmission des biens ; elle ne concerne pas directement les rapports d'union sexuelle, de filiation et d'éducation qui sont réglés selon des modalités particulières.

Avant d'examiner la famille multiple (tel est le nom qu'il vaut mieux attribuer à la famille large), il faut rappeler en premier lieu que les cas historiquement connus se rapprochant de ce modèle ne sont pas très nombreux, et ensuite que, dès l'Antiquité, dans une même société coexistaient plusieurs types de formation familiale ainsi que leurs combinaisons ; les documents ne transmettent que des traces de l'antique structure multiple et seulement quelques renseignements sur les formations familiales assimilables à la famille multiple.

Certaines zones ont connu dans la société ancienne ce type singulier de famille : l'Afrique du Nord, et en particulier les populations berbères ont conservé leurs caractères

propres mêlés à la culture de l'Islam; la
Grèce, la Serbie, et d'une façon générale,
les Balkans; l'Italie centrale et la plaine
du Pô, certaines régions de la France.

Par ailleurs, la Sardaigne, la Corse, l'Italie méridionale même, sans connaître une
famille multiple comparable présentent
l'image de liens de solidarité morale et de
communauté juridique tout à fait particuliers.

Famille multiple et famille conjugale ne
sont pas deux catégories opposées, mais
deux niveaux de maturité et de cohésion
sociale. Du point de vue logique, chaque
famille conjugale serait le noyau de la fondation d'une communauté élargie et pour
cela l'antécédent de la famille multiple.

Mais cette succession ne doit pas être
prise de façon rigide : en effet si la désagrégation de la famille large a souvent
favorisé la formation d'unités cellulaires
indépendantes, au contraire les myriades
de formations familiales conjugales ont
souffert de leur petitesse même, de leur
rivalité, et surtout, d'un pouvoir économique envahissant, bloquant toute tentative
d'élargissement et de cohésion plus
grande.

Examinons brièvement certains caractères formels de la famille multiple. Ces
caractères portent tant sur la composition
que sur le dynamisme de cette famille :

1. Elle tend à assimiler un nombre toujours plus grand de consanguins vivants, descendants d'un ancêtre commun, et disposés selon une ligne de descendance masculine dépositaire de l'autorité.

2. Elle a une base matérielle communautaire, le patrimoine, qui, dans le meilleur des cas, en plus du bétail, des instruments agricoles et de la maison, comprend également la terre.

3. Elle constitue une unité de production et de consommation. Plus spécifiquement, dans les conditions d'équilibre traditionnel, la famille se suffit à elle-même : unité de production et unité de consommation se confondent.

4. Elle tend à se reproduire de génération en génération, dans sa structure originelle. De fait, le « cycle » de durée, au terme duquel paraît se poser le problème de la restructuration familiale, peut avoir l'ampleur de trois générations. C'est la durée moyenne qu'on a pu établir dans une enquête sur la famille rurale en Toscane entre 1880 et 1976 (Gianna Fineschi, « La donna nella famiglia rurale tradizionale », Sienne, 1976 ; L. Baric aussi à propos de la zadruga suggère la même durée au cycle de la famille multiple, « Traditional Groups and New Economic opportunities in Rural Yugoslavia », in « Themes in economic Anthropology », Londres, 1970). En trois

générations, des processus de segmentation sont portés à leur terme.

5. La propriété, énoncée dans les termes employés ci-dessus, fait naître une contradiction qui subsiste toujours : la famille multiple ne peut perpétuer au-delà d'une certaine limite l'unité sociale de production sur laquelle elle est fondée : des frères et leurs familles peuvent décider de rester unis, même après la mort du père, mais la génération suivante procédera difficilement de la même façon. La famille se reproduit alors en se multipliant mais avec le démembrement du patrimoine original, ou l'acquisition, en propriété ou en usufruit, d'un nouveau territoire.

La famille multiple a tendance à comprendre tous les êtres vivants qui descendent par lignage masculin d'un ancêtre commun. De ce fait, cet ancêtre possède une personnalité et une autorité qui persistent tant qu'il est en vie et qu'il peut accomplir une fonction fondamentale : celle de faire valoir et, dans le même temps, de représenter l'unité organique, économique, matérielle et sociale de la communauté. Ce fait entraîne l'échéance marquée par l'arrivée de la troisième génération : son entrée à plein titre dans la génération adulte et productive correspond au déclin du grand-père et à sa disparition. Mais ces deux courbes, opposées face à la production, ne le sont plus face à l'autorité et à la discipline. Le vieillard a terminé sa fonction lorsque, perdant force, autorité, pouvoir, il ne peut plus incarner l'unité familiale. Sa valeur symbolique est alors celle de la continuité ancestrale : il lie dans le flux des générations le segment vivant de la famille à la lignée des ancêtres morts.

Idéalement la famille en effet n'est pas constituée par des personnes qui se trouvent *hic et nunc* liées par un rapport de parenté et un lieu d'habitation, mais plutôt par la succession des générations passées et futures.

Les hommes adultes, fils du chef de la famille, sont la partie active de la famille, la force de travail principale, assurant la production des biens nécessaires à la vie. Tous les fils ne restent pas toujours dans la famille paternelle, mais l'union des frères (compagnonnage fraternel) engagés après la mort du père à perpétuer la solidarité du sang, l'unité économique et la cohabitation même, est largement attestée. Les frères renonçaient souvent à disposer de leur quote-part du patrimoine pour protéger cette intégrité et cette solidarité réciproque. Voir, à ce sujet, N. Tamassia, « La famille italienne aux XVIᵉ et XVIIᵉ siècles » : le phénomène n'était pas seulement italien, dans tout l'Occident féodal la solidarité du lignage se prolongeait souvent dans la société des biens. Partout dans les campagnes, plusieurs

frérèches rassemblaient, autour d'un même
« foyer » et d'une même « marmite » et des
mêmes champs indivisés, plusieurs familles
apparentées entre elles. Le maître encoura-
geait souvent, ou imposait, l'emploi de ces
compagnies. Voir également : M. Bloch, « La
société féodale ».

Ainsi le rôle de la partie active de la
famille est de gérer le patrimoine et de le
transmettre aux générations suivantes, selon
le même mécanisme qui le lui a fait recevoir.
Fondamentalement donc, la terre, le bétail,
la maison, les outils ne sont pas objet économique mais au contraire sujet : la conservation du patrimoine détermine les règles de la
conduite quotidienne et le choix à l'occasion
des mariages.

Les membres acquis, c'est-à-dire les
femmes prises en mariage, s'ajoutent à la
descendance mâle directe. Venues de l'extérieur, elles représentent l'apport continuel
de différentes lignées de descendance ; leur
place est déjà fixée dans la structure de la
famille qui les reçoit, elles y occupent un rôle
et une fonction qui sont prévus dans la
structure des fonctions sociales et économiques de la grande famille.

De ce point de vue, la famille du colon, le
lignage et la communauté nomade ont des
caractères communs. La composante fémi-
nine de la famille comprend une partie
« originelle » de filles et d'adolescentes,

naturellement candidates à émigrer et à prendre souche dans une autre unité familiale, et une autre partie de provenance extérieure qui assume le rôle, les fonctions et les services que devront assumer plus tard les précédentes. Le transfert de la famille originelle à la famille conjugale est souvent représenté comme une affiliation à une nouvelle famille consanguine.

Dans les alliances matrimoniales interviennent également des conditions économiques importantes quant au rapport quantitatif et à la succession dans le temps entre femmes données en mariage et femmes reçues en mariage. On peut affirmer que ce mouvement tend vers un équilibre, de façon que les femmes, membres à titre différent de la famille multiple, soient toujours plus ou moins en nombre égal.

III.

Cette grande institution d'une communauté consanguine fondée sur l'autorité des anciens, sur le respect de l'intégrité de la lignée, s'est maintenue dans certains cas jusqu'à une époque récente comme dans la zadruga de Serbie, que l'on retrouve sous diverses formes dans la tradition culturelle balkanique.

La zadruga n'était pas seulement une

famille, mais une unité corporative de membres consanguins liés étroitement par des rapports communs de solidarité, cohabitation, consommation et production. La base économique de cette institution était la propriété de la terre : dans un milieu qui permettait un habitat dispersé dans de vastes étendues territoriales, la zadruga constituait à la fois une institution de parenté et un centre d'implantation humaine qui atteignait parfois une extension considérable.

La maison, vaste et ouverte dans sa structure de base, accroissait de façon cyclique ses bâtiments. Le pouvoir, l'utilisation de la force et le droit naissaient du regroupement de plusieurs noyaux familiaux de ce type ; le pouvoir était personnifié par la figure patriarcale du staresina, le vieux chef de la communauté consanguine. Sa résidence était le cœur de la maison ; dans sa vaste chambre centrale se réunissaient les membres de la famille pour prendre les repas en commun, et les jeunes couples, les fils et les veuves habitaient des bâtiments disposés autour de sa demeure. Avec les remises, les étables et les magasins, ces édifices formaient le vaste agglomérat des habitations constituant la zadruga.

Comme l'observe L. Baric dans une étude sur l'évolution de cette institution, la zadruga échappait à toute logique d'entreprise : l'administration, la fixation des rôles et la discipline interne obéissaient à l'objectif fondamental de conservation.

Le chef de famille distribuait le travail selon les nécessités de conservation et de prospérité de la zadruga, et non pas en fonction d'objectifs d'économie du travail. Cela signifie que, pratiquement, le travail n'a pas de coût apparent et ne constitue pas un marché sur lequel sa valeur se répercuterait indirectement à travers le prix des produits. La rémunération n'existait donc pas, seulement un critère d'obligation, c'est-à-dire le dévouement et l'entière disponibilité de chaque travailleur indépendamment de contrepartie mesurable.

Cette discipline étroite de conservation sans valeur ajoutée, à laquelle, en général, obéissaient les différentes formes de la famille multiple dans le domaine méditerranéen, nous permet d'observer le reflet d'une organisation des rapports économiques encore loin de l'esprit d'entreprise capitaliste, une sorte d'économie de subsistance à l'écart des contradictions dangereuses causées par l'excédent de biens et par l'exploitation du travail.

Mais cette conduite engendre elle-même des processus de désagrégation : lorsqu'un vaste patrimoine est constitué dans un contexte de compétition mercantile et d'échanges monétaires, sa valeur latente ou cachée doit produire à son tour de la valeur.

La logique du patrimoine doit suivre celle du marché. A mesure que les impulsions internes et externes, les marchandises, les besoins, l'augmentation de la productivité et de la division du travail engendrent une tension croissante dans l'univers domestique, l'accumulation du patrimoine impose des obligations qui vont au-delà de la simple production de la lignée : dans ce cas, le problème des mariages prend l'importance d'une véritable stratégie économique qui suit essentiellement des règles hiérarchiques :

« Si elle a pour fonction première de procurer les moyens d'assurer la reproduction du lignage, donc la reproduction de sa force de travail, la stratégie matrimoniale doit aussi assurer la sauvegarde du patrimoine et cela dans un univers économique dominé par la rareté de l'argent. Du fait que la part du patrimoine traditionnellement héritée et la compensation versée au moment du mariage ne font qu'un, c'est la valeur de la propriété qui commande le montant de l' « adot » (de « adoutà », faire une donation, doter) celui-ci commandant à son tour les ambitions matrimoniales de son détenteur au même titre que le montant de l' « adot » exigé par la famille du futur conjoint dépend de l'importance de ses biens. Il s'ensuit que, par la médiation de l' « adot », l'économie régit les échanges matrimoniaux ; les mariages tendant à se faire entre familles du même rang au point de vue économique » (P. Bourdieu, « Les stratégies matrimoniales dans la mystique de reproduction ». Enquête menée dans le Béarn entre 1959 et 1971, in « Annales », Nº 4-5, 1972).

C'est ainsi que la famille multiple (ou, du moins, la logique de la famille multiple), tout en conservant formellement certains aspects essentiels de sa structure (cohésion de rôle et d'autorité, défense solidaire du patrimoine, transmission du nom et des biens), a profondément changé de nature.

De plus, correspondant à l'accélération de ce processus, la force communautaire de l'institution familiale est différente selon les classes sociales : les familles nobles qui vivent en ville et possèdent domaines, fermes, métairies, croissent et se renforcent au rythme des générations ; plus augmente la séparation entre classes dominantes et classes opprimées, plus se creuse la distance entre familles de maîtres et familles plé-béiennes. Le nombre, dès le Moyen Age, est un instrument de puissance. La force de l'édifice politique, social et moral représenté par la famille aristocratique, se manifeste dans la force armée, avec sa suite de sujets et de serfs également armés. Ces familles cons-tituent la charpente d'une communauté de lignage qui prospère moyennant leur domi-nation économique, morale et humaine cons-

tante sur un grand nombre de familles paysannes. Ces garnisons familiales fortifiées,
qui bâtissent palais et châteaux forts et
aspirent à commander sur de vastes terri-
toires et dans la cité, sont en perpétuelle
rivalité, et fréquemment ébranlées par de
violentes dissensions internes. Dans le courant du xviiie siècle, et, selon N. Tamassia
(« La famiglia italiana nei secoli decimo-
quinto e decimosesto », Milan, 1910), jusqu'au début du xixe siècle, ces familles
s'agrandissaient d'une foule de domestiques,
d'esclaves et de concubines achetés sur le
marché de quelque important port de mer.

Par contre, la famille du colon, du paysan,
doit s'adapter à une désagrégation fatale.
Elle est une machine à produire du travail
donc la richesse d'autrui.

La famille du maître prospère grâce à la
dissolution continuelle des familles de paysans qui dépendent d'elle à différents titres.
Le métayage en est un modèle : il a existé en
Italie centrale et dans la plaine du Pô jusqu'à
la fin de la Deuxième Guerre mondiale et
même au-delà. Malgré la tentative de reproduction et de développement de cette union
et de cette communauté solidaire qui sem-
blait donner des garanties de solidité, la
famille du colon-métayer ne pouvait échapper à la corrosion.

Le paysan avec sa famille s'établit dans la
ferme du propriétaire avec qui, en échange

de la maison et de l'usage de la terre, est convenue une répartition du produit par moitié. Malgré son aspect de contrat social ce rapport de travail est en fait un rapport de dépendance : le métayer sert une rente au propriétaire qui lui impose les espèces à cultiver, les méthodes et les quantités.

La famille en métayage atteint souvent de grandes dimensions (jusqu'à trente personnes). C'est une unité de travail large, capable de mettre en valeur de vastes étendues de terre, un « travailleur collectif » qui, dans ce cas, dépend de possédants, souvent des familles d'antique noblesse.

Comme dans la famille « large » classique, les différents noyaux conjugaux avec leurs enfants cohabitent sous le même toit et sous l'autorité inchangée des anciens. Se marier ne signifie pas devenir chef de famille. Les hommes pouvaient se marier à un âge relativement précoce (selon une recherche conduite par C. Klapisch et M. Demonet sur la famille en Toscane au xve siècle, et en particulier dans la campagne de Pise, à 25 ans plus de la moitié des jeunes gens étaient mariés alors que seulement 15 % de la population masculine assumait le rôle de chef de famille), mais longtemps encore après leur mariage ils restaient assujettis économiquement, socialement, moralement au contrôle de la famille entière représentée par l'autorité des anciens. Quand le paysan, après nombre d'années de judicieuse conduite dans l'organisation générale du travail et dans l'administration de ses maigres ressources, atteignait la position éminente de chef de famille, sa maison était peuplée de ses fils et de leurs épouses, tandis que ses propres filles avaient généralement quitté la maison paternelle pour se marier dans d'autres fermes et dans d'autres villages.

Ainsi, dans la mesure où l'assujettissement semi-féodal au propriétaire terrien pouvait garantir quelque marge de décision, pendant quelques siècles, jusqu'à l'époque contemporaine, la famille du métayer a reproduit la structure autonome de l'antique famille méditerranéenne bien qu'elle fût privée de la propriété de la terre et contrainte de se maintenir avec une partie seulement du fruit du travail de ses membres.

Les familles paysannes sont organisées en collectivité de travail et de consommation : chaque membre valide remplit une tâche précise en fonction de son âge et de son sexe. Les hommes accomplissent les travaux agricoles les plus lourds et les plus importants : défrichement, labourage, bêchage, plantation d'oliviers et de vignobles, taille des arbres, semailles, etc., opérations dont ils doivent toujours rendre compte minutieusement à l'intendant qui représente le propriétaire. Un registre de propriété, en possession du patron et de l'intendant, enregistre chaque acte administratif concernant chaque famille paysanne et surtout les dettes que le métayer est fréquemment obligé de contracter.

Dès l'âge de sept ou huit ans les enfants commencent à travailler : le matin, de très bonne heure, ils se lèvent et suivent leur père qui va labourer les champs. En Émilie, par exemple, où la terre est particulièrement dure et résistante au soc de la charrue, cinq ou six paires de bœufs étaient mises sous le joug. Les enfants guidaient les bêtes avec l'aiguilleur le long des sillons tandis que le paysan poussait la charrue en profondeur.

Les femmes, soumises comme tous les autres membres de la famille à l'autorité du propriétaire, et à celle de leur mari et de leur père, travaillaient elles aussi dans les champs, surtout pendant les vendanges, la moisson et lors de la cueillette des produits sauvages (champignons, herbes, fruits), nécessaire alimentation d'appoint ; elles travaillaient en outre à la maison sous l'autorité des femmes âgées. Très peu de biens étaient achetés au marché : les paysans n'ayant guère la possibilité d'accumuler de l'argent comptant pour leurs achats. Le chanvre, le lin, cultivés à la ferme, fournissaient la matière première pour les draps, les sous-vêtements, le linge de table, etc., les vêtements étaient filés, tissés, coupés et cousus à la maison.

Aucun produit de l'activité laborieuse de la famille n'échappait au propriétaire du fonds, une partie lui en était toujours réservée : poulets, œufs, lapins, viande de porc, devaient être apportés à Noël et à Pâques dans la maison du propriétaire ; de même, une certaine quantité de drap devait être fournie tous les ans avec les autres produits de la terre. C'est ce qu'on appelle les « droits régaliens », hommages dus au maître en signe de dévotion et de soumission.

Cette forme de famille rurale qui a survécu — nous le répétons — sous des formes plus ou moins proches dans l'Italie centrale, a peu de possibilités de se maintenir. Si à la mort du chef de famille titulaire du contrat de métayage, ses enfants, eux-mêmes âgés, décident de rester tous ensemble dans la ferme avec leurs familles, le propriétaire accepte rarement cette proposition. Son intérêt veut qu'un nombre relativement limité de personnes vivent sur sa ferme.

En effet plus les membres inactifs sont nombreux, plus grande est la quote-part de consommation que le paysan essayera de produire. Le propriétaire au contraire a intérêt à partager les noyaux familiaux en leur assignant de nouvelles terres à défricher. En exerçant son contrôle sur le choix des mariages, le seigneur veille plus à la formation de nouveaux noyaux familiaux sur ses fermes qu'à la survie d'usages féodaux (trait qui par ailleurs ne manque pas). Souvent l'approbation du propriétaire est nécessaire avant de contracter un mariage.

A partir de 1950, des causes économiques et sociales profondes ont précipité le processus de désagrégation de ces formes de famille et le dépeuplement des campagnes. La formation d'un marché international des produits agricoles, qui exige des coûts réduits et des systèmes de travail industrialisés, a trouvé les propriétaires décidés à renoncer à toute transformation et amélioration. Par ailleurs, les métayers qui souhaitaient devenir propriétaires de la terre et de la maison, n'ont pas réussi, malgré des luttes importantes, à atteindre leur but : les expulsions ont été très nombreuses, en peu d'années plusieurs milliers de familles paysannes, réduites désormais à quelques membres, ont abandonné leurs fermes. Ceux qui n'ont pas trouvé d'emploi dans l'industrie ouvrent des petits magasins dans les villes, ou bien sont employés comme salariés dans de nouvelles entreprises agricoles.

IV.

La structure patriarcale est une caractéristique répandue dans l'ensemble des cultures de la Méditerranée. Un des modèles les plus poussés est celui de l'ancienne famille juive, surtout pendant la période du nomadisme pastoral.

L'épisode biblique, bien connu, d'Abraham qui, sur l'ordre divin, est prêt à sacrifier son propre fils Isaac, illustre assez bien une condition de droit où le pouvoir paternel est pratiquement illimité. En fait, plus que d'autorité paternelle, il s'agissait de l'autorité et du pouvoir de la lignée mâle, ou mieux encore, de l'autorité des anciens, ancêtres vivants, personnification ultime de toute la solidarité tribale. Le pouvoir du patriarche s'étendait aux femmes, à ses enfants et leurs femmes. Le bétail, forme particulière de richesse accumulée et vivante, symbole et source de prospérité, était le patrimoine de la lignée ; sa conservation et son accroissement guidaient, en dernière analyse, le choix des mariages.

La continuation de la lignée était naturellement le fondement du mariage : les hommes, les femmes et les enfants constituaient une richesse vitale nécessaire à la réalisation d'une unité sociale dont le maintien et la défense dépendaient de sa prospérité et du nombre de ses membres. Quand un homme mourait sans laisser d'enfants, sa veuve se remariait avec le frère de son époux : les descendants de cette union étaient considérés en partie comme descendants du défunt. Cette institution appelée lévirat — mécanisme d'intervention sociale qui visait à réparer les conséquences d'une menace de stérilisation du flux de la famille — souligne de façon cruelle ce qui se passait chez plusieurs autres peuples : les femmes, cédées en mariages par une famille alliée, devenaient partie du patrimoine de la famille qui les accueillait ; cette dernière en disposait en raison de leurs qualités de procréation, en fonction des droits de succession, qui, en ce cas, favorisaient le frère du mari défunt.

Ainsi, chez les anciens Turcs, les veuves d'un homme devaient être données en héritage, comme épouses, aux parents plus jeunes que le mort : à un des fils (sauf naturellement ceux engendrés par chacune des veuves), aux frères cadets du défunt, ou même aux fils de ses frères.

Nous pouvons retrouver les caractéristiques du patriarcat dans la famille grecque et romaine. A l'époque archaïque le père disposait de ses enfants jusqu'à la fin de sa vie. Il pouvait les céder à d'autres ou les utiliser sans que ceux-ci aient leur mot à dire. C'était là le modèle le plus rigide ; l'usage permettait au cours d'une cérémonie spéciale de conférer à l'homme émancipé les prérogatives et les droits d'un homme libre : cependant cette pratique n'était pas répandue et le pouvoir paternel restait solide et indiscutable. Un système rigide de rapports de filiation faisait correspondre le degré d'autorité au grade d'ancienneté ; c'était le reflet d'une mentalité qui considérait la lignée des ancêtres comme source de toute substance économique et sociale, la matrice sacrée d'une identité familiale sur laquelle s'appuyait chaque individu en tant que personne.

Cette conception de la famille et de ses obligations n'empêchait pas l'existence d'institutions, telle la prostitution et le concubinat, au moyen desquelles la vie familiale et la vie sexuelle s'organisaient en deux sphères distinctes, indépendantes mais complémentaires.

Cette conception est bien exprimée dans une phrase de Démosthène : « Nous prenons les prostituées par amour du plaisir, les concubines pour les petits services de tous les jours, mais les femmes nous les prenons afin qu'elles nous donnent un descendant légitime et se conduisent comme gardiens fidèles de la famille. »

Dans les sociétés archaïques, l'autorité mâle et surtout celle des anciens personnifie la logique du clan, l'unité de ceux qui descendent d'ancêtres communs. Chez les tribus berbères du Moyen Atlas, le mariage est fixé entre les familles des mariés, comme il était d'usage probablement dans toutes les régions de la Méditerranée : la cérémonie du mariage concluait une alliance de sang entre deux unités familiales auparavant étrangères entre elles. Cependant, même après le mariage, le clan de l'épouse continuait à revendiquer son droit de contrôle et d'influence : en effet, la mariée continuait à appartenir à sa famille d'origine même après plusieurs années d'éloignement. Toute offense subie par elle devait être vengée non par le mari ou sa famille mais par sa famille d'origine.

Nous pouvons observer ce même phénomène, à une moindre échelle, chez différents peuples de l'Europe méditerranéenne, en Corse, en Sardaigne, en Grèce, en Crète, etc. Les frères se doivent de veiller sur la conduite de leurs sœurs et dans les pourparlers qui précèdent le mariage toute la famille est concernée. En Sardaigne, le code de vengeance, « barbaricin », qui dans les anciens temps réglait les différends, assigne à la totalité des parents la tâche de venger l'offense subie par un des leurs.

C'est par conséquent l'ensemble de la lignée qui en la personne de ses représentants intervient chaque fois qu'un accord doit être conclu, un conflit résolu, une offense punie.

La même logique se retrouve chez les tribus berbères de l'Afrique du Nord dans les opérations économiques qui accompagnent le mariage. La dot, qui consiste en une donation d'une partie du patrimoine que la famille de l'époux fait à celle de la mariée, n'a pas la valeur d'une compensation commerciale ; il ne s'agit pas d'acheter la mariée. Le phénomène est beaucoup plus complexe : par le moyen de la dot, dans un système social qui organise les mariages comme des échanges de femmes entre différentes lignées, la famille, avantagée par l'acquisition d'une femme, doit reconnaître le vide provoqué par ce transfert dans la famille originelle de l'épouse.

La dot concrétise cette reconnaissance : elle ne mesure pas une valeur marchande de la femme, mais sanctionne un rapport social entre deux familles : si d'un côté elle exprime un déséquilibre (une famille a perdu, une autre reçoit), de l'autre elle commence à le résoudre puisque la dot, substitution temporaire de la mariée perdue, est presque un gage qui sera remis à un nouveau membre féminin.

En Afrique du Nord, l'unité familiale de grandes dimensions est répandue tant dans les régions berbères que chez les Arabes.

Dans la famille patriarcale, le père conserve jusqu'à sa mort sa pleine autorité sur ses enfants et descendants. Dans le désert, les nomades dressent leurs tentes suivant un plan établi qui respecte les liens de dépendance et les associations entre familles. Le noyau central du camp est la tente de l'ancien, celle de ses frères, de ses fils, de ses cousins et de leurs dépendants.

De la même façon, dans les communautés

agricoles, des schémas pré-établis de cohabitation et des règles de dépendance ordonnent la vie des villages, dont la composition reflète, du point de vue urbanistique et écologique, le schéma idéal de la communication entre lignées et groupes familiaux.

Dans les villages égyptiens, le « duwwâr », symbole de l'unité sacrée de la communauté familiale, confère sa propre solidarité vitale à tout le complexe de la lignée familiale. Il est le lieu où se forme et réside le pouvoir des ancêtres ; c'est là que le chef de famille tient les réunions et administre les biens en commun, là que l'hôte est reçu et logé.

Dans le Maghreb, cette synthèse sacrée de toute la communauté familiale est concentrée et exprimée dans l' « horma », une force supérieure dépositaire de l'autorité juridique et administrative.

Le chef de famille, là aussi, a droit de vie et de mort sur ses descendants, pouvoir qui, contrairement à ce qui se passe chez les autres peuplades limitrophes, s'étend et se prolonge même sur les membres qui ont abandonné la famille. La femme coupable doit être rendue à sa famille d'origine qui lui inflige la punition requise afin de sauvegarder et défendre l'honneur de la lignée.

Le mariage est un instrument d'alliance et d'association économique, au sens large du terme. Il crée la possibilité d'échanger biens matériels et services réciproques ; il établit une communauté d'intérêts et de vie sociale entre organismes différents. Les échanges de cadeaux et la consommation de repas rituels qui anticipent et préparent l'union ne sont pas seulement des éléments symboliques mais des engagements qui concrétisent et rendent effective une obligation réciproque. Ce n'est pas un vague sentiment de solidarité ou une force magique mystérieuse qui pousse des groupes à l'union mais les perspectives de sauvegarde et d'expansion des ressources. Bien que ne cohabitant pas toujours sous un même toit, ces familles agglomérées conservent une cohésion solide sous l'autorité d'un ancien. Qu'il s'agisse de communautés agricoles ou agro-pastorales, elles géraient en commun la propriété de la terre et l'administraient selon des règles établies. La terre n'était pas partagée : chaque famille en disposait temporairement d'une portion sur la base d'une distribution décidée par l'assemblée des représentants de toutes les familles de la communauté.

Ce schéma est-il celui d'une société harmonieuse, à la mesure de l'homme et exempte de contradictions ? Ce serait là une illusion. La société patriarcale suppose un schéma rigide de fonctions, de devoirs, de restrictions autoritaires. Si, d'un côté, ces règles sont nécessaires pour garantir la continuité de l'unité de la famille dans des conditions que le milieu et l'état de développement technologique rendent très difficiles, de l'autre, les mêmes règles font obstacle fortement à tout développement positif de la structure sociale et économique.

Vers le milieu du XIXe siècle encore, d'innombrables communautés familiales, dans le cadre des rapports entre tribus, jouissaient d'un libre accès à la terre, aux puits, aux pâturages. La tribu avait l'emploi et la propriété d'un territoire qui ne pouvait être ni vendu ni loué : l'idée qu'on pût commercialiser la terre était absurde dans ce contexte.

La colonisation française de l'Algérie (dès 1830), puis de la Tunisie (1881) et du Maroc (1912) introduisit des éléments de rupture économique qui bouleversèrent rapidement le tissu communautaire et familial. De massives acquisitions de terres furent opérées par le domaine d'État, par expropriations forcées ou par achats. Ces transferts de propriété foncière enlevèrent aux communautés rurales les bases matérielles de leur organisation familiale. Dans les trois pays du Maghreb les expropriations de la part des colons ont soustrait 4 000 000 d'hectares de terrains aux communautés indigènes, soit presque 20 % de toute la terre cultivable. Un colon disposait d'environ 120 hectares de terre en moyenne, le paysan en avait seulement 12. Cela signifie une rapide transformation sociale : le paysan qui, autrefois, avait cultivé la terre de sa famille sans en être propriétaire, mais en étant partie d'une structure sociale qui ne pouvait nullement lui soustraire l'usufruit de cette source de soutien, devenait alors un travailleur exproprié. En effet, à côté de la propriété foncière des colons, la colonisation favorisait aussi l'accumulation de terres de la part des indigènes ; c'est dire qu'elle favorisait la propriété individuelle qui, sans être un phénomène tout à fait inconnu, était relativement limitée. De cette façon, la masse des petits cultivateurs fut obligée d'abandonner les parcelles dont ils avaient disposé : ils furent employés dans les plantations ou comme métayers sur des terres dont ils avaient eu précédemment la libre jouissance. Dans ces conditions les liens de sang se détériorèrent très vite. Il devient de plus en plus difficile de conserver un rapport de solidarité, de soumission ou de respect, selon les anciens schémas, quand on est dispersé dans mille endroits différents, quand la base économique de la solidarité est démantelée.

V.

On trouve dans un écrit de Marx Kovalevskij, « Le système foncier communautaire », un aperçu du processus de formation de la propriété foncière en Algérie, en opposition au système traditionnel. Karl Marx écrit, à propos de l'organisation sociale des tribus algériennes de Kabylie : « Seule la famille indivise apparaît encore comme le prétendant de droit en ce qui concerne la terre cultivable : donc la famille indivise est propriétaire de la terre ; elle comprend le père, la mère, les enfants, leurs femmes, fils et fils des fils (petits-fils), les oncles, les tantes, neveux et cousins. D'habitude, les biens de la famille sont gérés par l'ancien, après élection de la part de tous les membres de la famille. Il achète et vend, loue les terres, préside aux semailles et à la récolte des céréales... Ses pouvoirs ne sont pas du tout illimités ; quand il s'agit de faits importants, en particulier de l'achat ou de la vente des biens immobiliers, il doit consulter tous les membres de la famille [...]. La famille fournit à chacun de ses membres les outils de travail, une arme à feu, les capitaux nécessaires pour le commerce ou l'artisanat. Chacun de ces membres doit dédier son travail à la famille, c'est-à-dire doit remettre chaque gain de travail dans les mains du chef de famille, sous peine d'être expulsé de la famille même. »

Ces observations sur l'appartenance du travail de tous ses membres actifs à la famille elle-même comme unité homogène sont très importantes. La communauté familiale est, en un certain sens, un « travailleur collectif » : son énergie productive n'est pas considérée comme la somme des capacités productives individuelles, mais exactement comme le contraire, comme une force productive d'ensemble où chaque producteur est un élément dépendant.

« La propriété individuelle du sol — continue Marx — même si elle est présente chez les Kabyles, est toutefois une exception. Comme partout, cette propriété apparaît chez eux comme le produit du processus lent de la désagrégation de la propriété tribale, communautaire, familiale... »

L'institution de la propriété foncière privée était (aux yeux du bourgeois français) la condition indispensable pour tout progrès dans le domaine politique et social... On fait pression dans le sens de la division de la propriété familiale et on arrive même à la prescrire ; en premier lieu comme moyen pour affaiblir les tribus soumises, toujours prêtes à la révolte, ensuite comme unique voie pour le transfert ultérieur de la terre des mains des aborigènes à celles des colons européens...

Le député Humbert déclarait dans la séance du 30 juin 1873 à l'occasion de la discussion d'un projet de loi : « Cette loi est seulement le couronnement d'une série d'ordonnances, de décrets, de lois et de senatus consultes, dont l'objet est de préparer l'organisation de la propriété individuelle sur les terres cultivables d'Algérie... »

En plus de l'intérêt des colons — écrit encore Marx — le gouvernement visait à l'affaiblissement de la population soumise à travers la dégradation de l'organisation tribale communautaire, comme le déclarait le député Didier en 1851 dans un rapport à l'Assemblée nationale :

« Nous devons intensifier la destruction des communautés basées sur les liens de sang : c'est là que se trouvent les clefs de l'opposition à notre domination » (K. Marx, « Le système agraire en Algérie au temps de la conquête française », dans « Marx, Engels, Lénine », textes choisis par M. Godelier).

En Italie méridionale également, l'expropriation des terres communes, favorisée par des lois qui autorisaient les possédants à acheter et à clôturer de larges superficies ainsi soustraites à l'usage des paysans et des communautés, fut, avec l'usure et l'endettement, l'une des causes de la désagrégation de la structure familiale multiple.

Dans ces conditions, cette structure patriarcale, capable de donner appui et existence sociale à un grand nombre de frères, petits-fils, neveux, belles-filles, etc., ne peut survivre comme cadre de famille des classes populaires. Les paysans devenus ouvriers agricoles, petits cultivateurs ou colons, n'arrivent pas à sauvegarder une structure capable de se perpétuer d'une génération à l'autre. La mort du chef de famille produit, le plus souvent, l'éclatement complet de l'unité familiale, et la faim, toujours menaçante, oblige à la plus grande soumission vis-à-vis des notables, des propriétaires fonciers, des patrons.

La grande propriété foncière et les traditions féodales ont cantonné la vie familiale des masses paysannes aux bornes étroites de la petite famille conjugale, assujettie à la misère, sans aucune perspective de sécurité.

Comme l'écrivait Banfield à propos d'un bourg de Basilicate en Italie méridionale, la condition de père, de mère, de fils, est lourdement marquée par les conditions précaires de survivance : « Chaque matin à mon réveil, je remercie Dieu de nous avoir donné un nouveau jour et le soir quand je reviens des champs avec la chèvre, le porc, le petit mouton et les enfants, je me couche et remercie Dieu de nous avoir amenés à la fin de cette journée... le jour s'est terminé sans " malheur " ». Cette réflexion d'une paysanne, recueillie en 1955, exprime clairement l'idée d'une condition humaine à la limite même de la sécurité élémentaire.

Maintes recherches ont mis en évidence, avec des nuances variées, l'esprit d'exclusive de la famille méridionale, puissamment concentrée dans le but de sauvegarder le noyau fondamental des affections, la petite enceinte de respectabilité et de dignité, unique tutèle possible contre les cruelles agressions des possédants dominateurs et les périls dus au milieu. Elles ont souvent conduit à représenter la société du Sud de l'Italie, « centrée sur la famille », comme un enchevêtrement de jalousies, de rivalités et de désirs mesquins de domination. Sur ces bases sont nés des lieux communs qui défigurent les composantes culturelles profondes présentes dans la mentalité des couches opprimées. Sous cet aspect la famille qu'on appelle « conjugale » ne rompt pas avec la logique et le langage de la solidarité entre parents, propres à la grande famille multiple.

Cette courte analyse ne prétend certes pas conclure sur le dynamisme des formes de la famille rurale dans les cultures méditerranéennes. On peut cependant proposer quelques remarques.

La polarité qui, en apparence, sépare la famille conjugale et la famille multiple ne doit pas être interprétée comme une opposition radicale : la famille multiple comprend plusieurs cellules familiales enchaînées étroitement entre elles, comme en symbiose. Cette structure tend à la solidarité et à l'expansion communautaire, tant de sa structure matérielle que de son langage moral.

Partout la dissolution des anciennes bases économiques a condamné à la désagrégation de larges structures collectives et dirigé la famille vers des systèmes cellulaires autonomes. Là où le processus a été créé artificiellement, comme chez les peuples assujettis à la domination coloniale, la dispersion dramatique des systèmes de cohésion familiale et, souvent, la destruction des bases même de la vie sociale, aux conséquences dramatiques, ont produit une accélération forcée de cette évolution. Ailleurs, le processus de dissolution, moins rapide et moins violent, a permis la survie temporaire des anciennes structures, et l'adaptation progressive aux nouvelles formes d'organisation conjugale autonome.

Aujourd'hui cette évolution est pratiquement accomplie : les formes de la production capitaliste ont engendré un type de famille dépossédée en grande partie des fonctions morales et matérielles qui organisaient, par le passé, la totalité de la vie personnelle et sociale. Les vastes agglomérations urbaines ne reçoivent pas des collectivités et des groupes solidaires, mais des myriades de cellules familiales indépendantes, dont l'existence est entièrement subordonnée aux canaux de distribution de services et de produits alimentés par le marché.

La libération du lourd apparat de contrôle familial fondé sur l'autorité des ancêtres n'a pas entraîné une réelle libération, parce que les anciennes relations n'ont pas été remplacées par des formes d'organisation nouvelles capables de satisfaire aux exigences créées par les structures modernes de production. Un nouvel esprit communautaire doit percer, reflétant et développant les nouvelles conditions de vie sociale créées par la grande industrie et l'ensemble des ouvriers. Toutefois ce processus ne va pas sans heurts et les formes capitalistes de production, de circulation et de consommation y opposent beaucoup d'obstacles.

En outre, la vieille mentalité de parenté, même si ses bases matérielles ont disparu, conserve une force culturelle qui persiste en partie dans la nouvelle dimension de la famille adaptée aux exigences de la production capitaliste. La tradition, bonne ou mauvaise, est encore parmi nous et continue à influencer notre conception des rôles familiaux.

Migrations

La Méditerranée a pris pour nous le visage du soleil et du farniente.

Du soleil : de ces foules nordiques qui, par charters entiers et à pleins flots d'autoroutes, se hâtent, l'été venu, vers ses rivages. Sédentaires, cloués aux plages et aux terrasses des cafés, fascinés ou fatigués, le temps de quelques semaines, par un autre rythme de vie. Nomades lents ou pressés, sautant d'île en île, et de temple grec en cité médiévale, du Parthénon à Rhodes, de Pompéi à Amalfi, de Palerme à Ségeste et Sélinonte. Depuis un siècle le nombre de ces envahisseurs temporaires s'est prodigieusement accru. Hier, une poignée de riches privilégiés, ils sont aujourd'hui soixante millions — l'équivalent de la population de tout le bassin méditerranéen vers 1600. Demain ils devraient être, à en croire les experts, plus de cent millions. Avec le nombre le tourisme a changé d'heure. Vers 1900 encore, c'était la douceur des hivers que

des élites oisives et fortunées venaient goûter
en des lieux privilégiés, de Nice à Taormine.
La victoire de l'été a été celle de la masse.
Après les Rivieras de France et d'Italie le flux
a submergé l'Espagne et le Mezzogiorno
italien, la Grèce et l'Anatolie, les îles de la
Tyrrhénienne, de l'Adriatique et de l'Égée,
puis débordé au Maghreb sur les rivages
méridionaux de la mer intérieure. Celle-ci,
désormais, ne suffit plus : des Canaries aux
Maldives et aux îles du Pacifique, les marchands de soleil inventent inlassablement
d'autres Méditerranées.

Invasion pacifique, pense-t-on, que ce tourisme volontiers moutonnier, prêt à payer, et
à payer cher, le droit de dormir, de consom-
mer et même de regarder. N'apporte-t-il pas
sur place une occupation à des gens sans
travail, et d'appréciables devises pour solder
les balances des paiements de pays peu
industrialisés ? Personne ne se fixe ou ne
pense même à se fixer durablement. Quand
reprend le travail dans les bureaux et les
usines du Nord, les mêmes foules regagnent
en bon ordre leurs pays d'origine. Invasion
pacifique donc, mais non pas innocente.
Destructrice de sites et de paysages défigurés
par le luxe un peu faux des hôtels, des
immeubles « de front de mer » et des rési-
dences secondaires : pour l'archéologue de
demain, sa trace aura tous les aspects d'une
conquête. Destructrice aussi des équilibres

anciens et fragiles des sociétés qui l'accueillent, mal préparées le plus souvent à subir le choc de l'économie monétaire et poussées à sacrifier l'avenir au présent. Consommatrice enfin d'exotisme et de folklore, et se prêtant au genre de vie méditerranéen comme à un jeu, non comme à une réalité : pour la première fois dans son histoire la Méditerranée séduit ses envahisseurs sans les assimiler autrement qu'en surface, et se trouve elle-même menacée d'être assimilée par eux, et réduite à l'état d'objet : un lieu de spectacle peuplé d'acteurs progressivement animés par l'aigreur, dans une vie en retrait, fruit vénéneux de la dichotomie entre la vie native des hivers, désormais fossile, et la vie fausse des étés vénaux.

Car, pour la première fois, elle est en position de faiblesse. Ce plaisir, aimable à nos vacances, du farniente, du loisir et du temps de vivre, s'impose comme le revers d'une réalité beaucoup plus cruelle de nos économies contemporaines : la « disoccupazione », c'est-à-dire moins le chômage — qui succéderait à un plein emploi — que l'absence, durable, d'un emploi régulier : les cinquante ou cent jours de travail annuel des vieilles sociétés rurales, au lieu des deux cents journées de nos sociétés industrielles, ne permettent plus de nourrir une population devenue trop dense sur une terre trop pauvre.

En dehors de la France précocement mal-
thusienne de la Troisième République, l'Europe ne leur offrait alors que peu de place.
Condamnés à s'expatrier, ils ont d'abord
gagné par millions, à partir des années 1880,
les pays neufs de peuplement blanc : les
États-Unis et le Canada, l'Amérique latine,
l'Australie. Si forte fut la vague que ceux-ci
fermèrent leurs portes, ou ne les ouvrirent
plus qu'à demi. Quand, en 1964, les États-
Unis se décidèrent à reporter sur les « pays
pauvres » (les pays méditerranéens) les quo-
tas d'immigration (2 % des effectifs installés
en Amérique en 1890) inutilisés par les
« pays riches » (anglo-saxons, allemands ou
scandinaves), l'Europe industrielle avait
déjà pris le relais. Tour à tour Italiens et
Nord-Africains, Espagnols et Portugais, You-
goslaves, Grecs et Turcs ont pris le chemin
de l'Allemagne et de la Suisse, de la France et
des pays du Benelux, pour y devenir les
« soutiers » de la croissance des années 1955-
75. A cinquante ans de distance, l'histoire
des grandes migrations transocéaniques se
répétait : le départ en masse des jeunes
adultes des régions rurales les plus surpeu-
plées ; leur regroupement par communautés
d'origine assurant l'accueil, le premier travail, et le minimum de chaleur humaine
indispensable à l'intégration ; leur utilisation pour les tâches les plus dures, les moins
qualifiées et les moins rémunérées ; leur

renvoi facile en cas de crise ; les conflits entre minorités, et entre minorités et autochtones, qui traduisaient les difficultés d'assimilation.

L'Italie a sans aucun doute été la plus transformée par cette récente mobilité des hommes. En un peu plus d'un siècle (1860-1970), elle a enregistré 25 millions de départs — pas tous définitifs il est vrai : soit la moitié de sa population de 1960. Son cas est à bien des égards exemplaire. La première émigration, dès le début du xie siècle, avait été surtout méditerranéenne, à destination de l'Égypte, de la Tunisie, de l'Empire ottoman surtout, où les Italiens héritiers des Génois et des Vénitiens de Pera — Galata — le quartier « franc », c'est-à-dire européen, d'Istanbul — s'imposent comme commerçants et boutiquiers, architectes et médecins, ingénieurs et ouvriers des chemins de fer : une émigration de « techniciens ». Mais la réalisation de l'Unité bouleverse la société et l'économie de la péninsule. Ceux qui vont partir, ce seront désormais en majorité des ruraux, des paysans sans terre, tout juste capables de payer leur voyage : on les retrouvera comme ouvriers — mal accueillis souvent, comme « briseurs de grève » — dans l'agriculture, le bâtiment, les mines. Une émigration de la misère et des illusions déçues.

Vers 1860-80, venus du Piémont, de Toscane ou d'Émilie, ils gagnent l'Europe, et surtout la France : mais ils ne sont encore qu'une centaine de mille à partir chaque année. Après 1880, leur nombre double, triple, dépasse 600 000 dans la décennie 1901-10, et atteint le chiffre record de 872 598 en 1913. Ils viennent désormais des zones rurales les plus pauvres, de Vénétie et surtout du Sud, de Sicile et de Calabre, des Pouilles et des Abruzzes. Et ils traversent l'Atlantique, gagnent l'Argentine, le Brésil du Sud — où ils fondent des cités aux noms évocateurs, Nova Venetia, Nova Trento, Nova Vicenza, Nova Milano — et, plus encore, les États-Unis. Plus pauvres, ils se fixent dans les villes, y reconstituent des quartiers, des réseaux de rapports personnels : Little Italy, Brooklyn, une culture commune faite, comme l'écrit S. Romano, « d'un peu de religion, d'un peu de superstition, d'un peu de patriotisme et d'un peu de gastronomie ». Et aussi, mythe ou réalité, la Mafia. Un peu partout s'impose ainsi l'image d'un Italien résistant à l'assimilation, attaché à sa langue, ses coutumes et son style de vie, tour à tour « jaune » et « subversif ». Du pogrom de La Nouvelle-Orléans, en octobre 1890, à l'exécution de Sacco et Vanzetti (1927), et à toute la littérature d'hier et d'aujourd'hui sur le syndicat du crime, toute la communauté italo-américaine en a lourdement payé le prix. Mais nous avons pieusement banni de nos manuels le souvenir des incidents d'Aigues-Mortes, en août 1893 (une cinquantaine de morts) et de Lyon, en juin 1894, après l'assassinat de Sadi Carnot par Sante Caserio. Qui lit encore ce roman de L. Bertrand, « L'Invasion », qui dénonçait, en 1907, le « péril italien » ?

Avec les limitations imposées à la fois par les États-Unis et le fascisme, et la crise des années 1930, le mouvement ralentit, s'arrête presque. Après la guerre, il repart de plus belle, vers la Suisse et l'Allemagne plus que vers le Canada et les États-Unis : vers 1960 l'Italie fournit encore les plus forts contingents de main-d'œuvre à destination de l'Europe industrielle. Mais avec le « miracle économique », cette émigration presque traditionnelle est aggravée et concurrencée par une autre, intérieure cette fois, vers l'Italie du Nord : vers les villes et les usines de Lombardie et du Piémont, vers les campagnes même où les méridionaux viennent prendre la place, sur les moins bonnes terres, des paysans déjà partis.

Des quatre millions d'hommes et de femmes qui ont ainsi, en vingt ans (1951-71) quitté le Sud, un million seulement a gagné l'étranger. Pendant l'automne chaud de 1969, Turin et Milan découvrent à leur tour ces « ghettos » sordides, peuplés de Calabrais et de Siciliens, qui ont envahi leurs périphéries, et le visage éternel du racisme : les mêmes méridionaux, exclus sans détours des quartiers bourgeois, se retrouvent dans les journaux à la une des pages de faits divers, coupables, on s'en serait douté, de tous les délits. Encore les dynamiques industries du Nord ne suffisent-elles pas à absorber la masse énorme des migrants : beaucoup s'entassent encore, première étape ou relais provisoire, dans les « borgate » et les bidonvilles des banlieues de Naples et de Rome, attendant un hypothétique emploi dans quelque bureau ou ministère promis par un lointain cousin ou un grand électeur des partis au pouvoir... Au même moment dans les campagnes siciliennes vidées de leur population, il faut faire appel à des Tunisiens pour les vendanges dans la région de Marsala : et là encore, le racisme montre le bout de l'oreille.

En l'espace d'un siècle, l'Italie boucle ainsi le grand cycle des migrations modernes, celles qui vident tour à tour tous les pays méditerranéens, et, dans ces pays, les régions les plus déshéritées, de leurs populations campagnardes, et les mobilisent pour toutes les basses besognes des économies industrielles. Mais derrière toute émigration, il faut voir la violence culturelle faite à ceux qui partent, donc la nécessité de ces pauvres moyens qui leur permettent de résister. Les solidarités familiales et religieuses, l'épouse choisie au pays, il y a peu encore, par les soins de la marieuse, les lettres et les

cadeaux aux parents et aux amis, l'argent
envoyé à la mère ou à la famille, l'affirmation tapageuse du succès matériel — des
Cadillac immatriculées au Venezuela garées
à l'ombre d'une ruelle d'un village sicilien,
ces dollars offerts à la statue de sainte
Rosalie, au Monte Pellegrino de Palerme —
le retour au pays par trains entiers, lors des
élections, des vacances ou des crises de
chômage. La brutalité du choc subi, la distance qui sépare et isole, transparaissent
dans ces lettres envoyées au « mage » de leur
village par des émigrés calabrais, qu'a
récemment publiées L. Lombardi Satriani :

« Très Illustre Professeur,

« Je vous envoie, comme vous me l'avez
demandé quelques cheveux et la photogra-
phie. Et puis je vous envoie aussi un mandat
de 10 000 lires comme une modeste offrande
pour votre précieux travail... » (Novare,
3 mars 1973).

« J'ai reçu votre réponse où vous me disiez
ne pas pouvoir me dire le nom de cette
personne qui m'a jeté ce sort ; mais au
moins, dites-moi si c'est une personne de la
maison ou du dehors... si le sort a été jeté de
loin ou de près, s'il m'a été donné dans
quelque boisson ou ailleurs... » (Singen,
3 novembre 1970).

« Je réponds à ta lettre sur la poudre que
vous avez envoyée. Tu expliquais que nous
devions mettre des cheveux de moi et de ma

femme et nous les avons mis... mais comme tu nous dis que nous devons trouver trois clous de cercueil, ici, au Canada, les morts, on ne les enterre pas, ce n'est pas comme en Italie... » (Toronto, 12 décembre 1970).

Partout, dans les campagnes de l'intérieur, en Sicile ou en Calabre, mais aussi bien en Murcie ou dans le Péloponnèse, la situation a basculé au cours des vingt ou trente dernières années. Ces villages perchés peuplés de vieillards et d'enfants, quand ils ne sont pas déjà à l'abandon, désignent l'inéluctable point d'arrivée. Comme si les divers pays méditerranéens en étaient à des étapes différentes d'un même processus. Au début les hommes partent seuls, envoient de l'argent au pays pour nourrir leur famille et acheter un champ ou un commerce, préparent ou rêvent leur retour. Puis, tout espoir disparu, les femmes partent à leur tour, et la coupure devient définitive. Après avoir vécu ou survécu un temps de l'émigration, grâce aux envois d'argent de ses fils, le village finit par mourir.

Tous ces départs dessinent le visage d'une Méditerranée qui a perdu le contrôle économique du monde et abordé l'ère industrielle avec retard, donc en situation menacée, dépendante. En Italie après l'Unité, en Afrique du Nord à l'heure coloniale, dans l'Espagne et le Portugal des années cinquante, dans la Yougoslavie ou la Turquie des années soixante ou soixante-dix, la même histoire se répète : l'ouverture vers l'extérieur de ces pays encore fragiles, la volonté de leurs dirigeants de les intégrer dans l'économie développée, entraînent la crise des sociétés rurales traditionnelles. Donc ces départs en masse pour l'étranger ou les villes, là où l'on peut, où l'on espère trouver du travail. Le village n'est plus qu'un souvenir, condamné à disparaître ou à être réinventé par les touristes nordiques. La Méditerranée paye son retard accumulé et sa volonté désespérée de le combler, avec son soleil et son travail : deux aspects d'une même dépendance.

Pendant trois ou quatre millénaires, les migrations avaient fait l'histoire et l'unité de la Méditerranée : elles menacent aujourd'hui de la défaire. Contre cette menace monte aujourd'hui, un peu partout, la même révolte, la même recherche passionnée d'une identité en voie d'être détruite par le nivellement linguistique, politique, économique. On ne sera pas surpris de voir cette protestation prendre toute son ampleur dans la France jacobine et centralisatrice qui avait toujours traité par le mépris les velléités régionalistes. Au « Volem vivre al païs » des Occitans répond le « Fora i Francisi » des Corses. Deux cris complémentaires et qui trahissent la même angoisse, le même refus

d'une intégration qui ne laisserait d'autre
issue que le départ.

Dans tous les pays de l'Europe méditerranéenne, en Espagne comme en Italie du Sud,
les régions relèvent la tête, revendiquent leur
autonomie niée par le renforcement d'un
État centralisateur : ailleurs, comme dans la
Yougoslavie de l'après-guerre, celui-ci a dû,
dès l'origine, composer, inscrire dans sa
constitution — et ensuite faire vivre au jour
le jour — ce pluralisme politique, linguistique, racial, religieux et culturel qui caracté-
rise l'espace humain de la Méditerranée.
Même si l'indépendance reconquise au XIXe
siècle par les chrétiens des Balkans, et, au
XXe, par les pays d'Islam de sa bordure
méridionale, l'a imposé partout comme la
garantie nécessaire de sa dignité retrouvée,
le modèle de l'État national n'est pas né sur
les rives de la Méditerranée. Il lui est venu du
dehors, comme le prix d'une reconquête. Et
il ne s'y maintient pas sans peine. Combien
de Méditerranéens pourraient reprendre à
leur compte, chacun dans leur pays, cette
réaction des Catalans d'aujourd'hui : Espagnols, peut-être, Castillans, jamais ? Un peu
partout, la nation reste à inventer : ou plutôt
à rendre vivante au cœur des hommes.

Ne parlons pas trop vite d'isolement, de
particularisme, d'horizons limités, habituels
dans toutes les vieilles civilisations, accen-
tués encore par le morcellement du relief,

par cette alliance de la montagne et de la mer qui fait des îles méditerranéennes de prodigieux conservatoires fascinants pour l'observateur curieux, qu'il soit cinéaste ou anthropologue. La crise actuelle, c'est quelque chose de plus que la terre qui meurt. Elle désigne le niveau privilégié où s'exerçaient jusqu'ici les solidarités essentielles, et qui, pendant des siècles, n'avait jamais été sérieusement entamé.

Rien de plus mobile, pourtant, qu'une histoire placée sous le signe de l'invasion et de la conquête. Pendant trois millénaires, la Méditerranée n'a cessé d'attirer des peuples venus du dehors, de la forêt, de la steppe ou du désert. Et, leur place à peine taillée sur ses rivages, ceux-ci — grecs, « barbares », arabes ou turcs — ont tenté de la saisir et de la dominer dans son ensemble. Mais, de Rome aux Ottomans, les Empires les plus prestigieux se sont montrés moins exigeants que le plus faible des États modernes : une soumission passive, l'hommage politique et religieux à un souverain lointain, le paiement régulier de l'impôt, plus rarement l'envoi d'hommes pour la guerre, peu de chose... A chaque fois il leur a fallu composer avec un passé tenace, respecter, le cas échéant contre argent, les usages et les croyances, assimiler ensuite les élites locales.

Chaque envahisseur, chaque domination a

pu ainsi laisser sa trace, encore lisible aujourd'hui, mais sans jamais faire table rase ni unifier en profondeur. Pas d'autre moyen, en fait, d'y parvenir qu'une extirpation brutale et absurde. Les Jeunes Turcs ont voulu ainsi nier, par un atroce génocide, l'irritant problème arménien. A deux reprises, avec les Juifs à la fin du xve siècle, puis, cent ans plus tard, avec les Morisques, l'Espagne castillane a répété l'expérience d'une expulsion totale, sans guérir pour autant ses doutes sur sa « limpieza de sangre ». Pureté de sang bien illusoire : la règle n'est-elle pas, dans la péninsule ibérique comme dans toute la Méditerranée, à l'imbrication étroite des communautés ethniques et religieuses, tantôt juxtaposées, tantôt superposées par les flux et reflux du peuplement et du pouvoir, donc à leur coexistence ? C'est cette coexistence difficile, toujours ponctuée d'affrontements et de conflits, que l'affirmation des États nationaux rend aujourd'hui impossible. Partout se durcissent, se creusent les conflits et les haines, et se développent les phénomènes de rejet.

La France vient de vivre, après l'Italie, l'échec de son expérience coloniale dans les pays du Maghreb, sans autre choix que le retour en métropole de plus d'un million de ses nationaux. Elle découvre aujourd'hui, surprise, la révolte de la Corse contre cet

afflux de nouveaux venus porteurs de
moyens techniques, de capitaux et d'un style
de vie en contradiction avec celui traditionnel de l'île, qu'elle voit arriver comme des
colons. A Chypre, la remise en cause du
fragile équilibre entre Grecs et Turcs — ces
derniers paradoxalement les plus pauvres,
bien que descendants des conquérants ottomans de 1570-71 — débouche sur un partage
de fait, que tout annonce durable. Chypre
représente, il est vrai, une exception dans
cette région. Partout ailleurs, dans les Balkans et autour de la mer Égée, l'éclatement
de l'Empire ottoman a dès 1918 provoqué les
premiers grands déplacements de population de l'époque contemporaine : des dépor-
tations en masse, l'expulsion des Turcs de
Yougoslavie et de Grèce, et, symétrique-
ment, l'éradication presque complète de ce
peuplement grec du littoral d'Asie Mineure
qui avait pourtant résisté, depuis les Perses,
à toutes les dominations étrangères et qui,
tourné vers la mer, fut remplacé par une
population turque refusant la mer.

Mais Israël constitue sans doute, sous nos
yeux, l'exemple le plus significatif de ces
déchirements contemporains : celui aussi
qui nous touche le plus. La transformation
en État, en 1948, de l'ancien foyer national
juif, marque l'aboutissement d'une diaspora
de deux mille ans et, pour le peuple élu,
l'achèvement attendu de son histoire, l'ac-

complissement d'une promesse de son Dieu. Mais son existence est ressentie et combattue, dans tout le Proche-Orient, comme l'insertion par la force d'un corps étranger. Le vrai paradoxe, pourtant, révélation d'une certaine dimension de la Méditerranée, c'est la longue survie du peuple juif expulsé de Palestine en 133 par l'empereur Hadrien après deux révoltes sanglantes contre la domination de Rome.

Dispersées au Moyen Age en terre d'Islam et dans toute l'Europe chrétienne, les communautés israélites ont connu partout le même statut difficile de minorités urbaines isolées dans leurs ghettos. Protégées et tolérées, en année normale, par les pouvoirs établis qui apprécient leur habileté aux techniques du commerce et du maniement de l'argent, exceptionnelle dans des sociétés qui croyaient devoir le mépriser sans pour autant s'en passer, longtemps les Juifs auront été les meilleurs fermiers des papes d'Avignon et des sultans d'Istanbul. Tantôt persécutées, massacrées, chassées, contraintes de nouveau à l'exil : ainsi, autour de 1 500 dans l'Espagne et l'Italie d'où elles gagnent un Empire ottoman plus accueillant. Tantôt au contraire, ce qui est presque plus grave, menacées d'assimilation et renvoyées alors, pour y échapper, à l'application littérale des préceptes d'une religion qui aura été le premier monothéisme méditerra-

néen, celui d'où dérivent aussi bien le christianisme que l'islam : mais un monothéisme
sans préoccupation de prosélytisme.

Né du sionisme européen, créé par les
survivants des pogroms d'Europe orientale,
peuplé par les rescapés des exterminations
hitlériennes, Israël a su attirer aussi les Juifs
des pays musulmans dont sa création a
rendu l'existence précaire. Mais — et c'est là
son originalité — il ne prétend pas réunir les
Juifs du monde entier. Partout, en Amérique
comme en Europe, se renforcent des communautés dynamiques régulièrement renouve-
lées par un brassage continu : ainsi, dans le
Midi français, par l'arrivée des Israélites
d'Afrique du Nord, descendants des mar-
ranes expulsés d'Espagne par les Rois catho-
liques. Mieux même : aujourd'hui les dirigeants israéliens s'inquiètent de voir leur
pays redevenir une terre d'émigration.

D'une extrémité à l'autre de la Méditerranée notre siècle tend ainsi à défaire, à sépa-
rer, à figer ce que l'histoire avait uni, juxta-
posé ou étroitement mêlé. Point d'arrivée
d'une lente sédentarisation, chaque peuple
s'identifie à une nation, à un État, à un
territoire limité par des frontières. Là
encore, il s'agit d'une rupture fondamentale : la fin d'une mobilité essentielle. Car la
majorité des peuples qui vivent aujourd'hui
autour de la Méditerranée y sont arrivés du
dehors, à date assez récente pour que, du

second millénaire avant notre ère jusqu'au Moyen Age, on en puisse dater la venue avec une relative précision.

Nomades, ils y sont devenus des sédentaires attachés à leur terroir, même pauvre ou montagneux. Ils ont soumis, recouvert, assimilé ou repoussé les populations qui les avaient précédés : ainsi les Grecs, avec les Pélages, Lélèges ou Cariens, en qui ils voyaient les premiers habitants du bassin égéen, mais aussi les Arabes avec les Berbères du Maghreb. Éleveurs, ils ont apporté avec eux, imposé et acclimaté leurs animaux de transport ou de guerre : les Grecs le cheval, les Arabes le dromadaire, les Turcs le chameau. Mais ils ont appris sur place — souvent pour mieux les diffuser — les techniques de l'agriculture : le blé, la vigne, l'olivier et le figuier, les légumes, les fruits et les fleurs... tout le vocabulaire grec des cultures méditerranéennes a dû être emprunté à ceux que l'on appelle, faute de mieux, les « Pré-Hellènes ».

Par la force, la diplomatie ou la ruse, ils se sont taillé leur domaine propre, le foyer qui est resté le leur sur les rives de la mer. Ils y ont fondé des villes et des États. Terriens surmontant leur crainte initiale pour devenir des marins, ils n'ont alors pas tardé à se laisser tenter par l'aventure : par la découverte, par la colonisation, la conquête et la reconquête de la mer. L'histoire de la Méditerranée, autant que par ces arrivées de peuples nouveaux, a été rythmée par ces expansions successives : grecque, phénicienne, romaine, arabe, chrétienne, ottomane. Par étapes, elles ont construit cette unité qui triomphe avec Rome, puis, au Moyen Age et à l'époque moderne, consolidé les grandes frontières de civilisation, de religion, de peuplement et de langue qui la divisent aujourd'hui. Mais elles ont aussi assuré son morcellement, renforcé sa diversité. Car si chaque domination a laissé sa trace, aucune n'a recouvert exactement ni effacé celles des précédentes : toute coupe en profondeur restitue cette exceptionnelle stratigraphie de l'histoire et fait ressortir les permanences qui composent les génies des lieux.

Sur le plan humain, le visage actuel de la Méditerranée est d'abord l'œuvre de trois grands ensembles de mouvements migratoires, échelonnés sur plus de trois millénaires.

Le premier, le plus long, le plus massif aussi, correspond à l'arrivée des Indo-Européens, qui, de l'an 2000 avant notre ère à la fin des invasions barbares, peuplent les péninsules et les rivages du nord. Elle s'effectue en deux étapes principales. D'abord, d'est en ouest, à partir du second millénaire, les Hittites, les Grecs, les Italiques, les Celtes. Puis, après l'échec de Rome à les

contenir, tout un brassage d'ethnies guerrières, fascinées par la richesse et la civilisation de l'Empire, d'où émergent, par le
caractère durable de leur impact sur le
peuplement et la langue, les Francs, les
Lombards et les Slaves. Le tout au prix
d'à-coups brutaux, de ravages générateurs
de longues régressions : la destruction, au
XIIe siècle avant notre ère, des royaumes
achéens de Mycènes et d'Argos par une
seconde vague d'envahisseurs grecs, les
Doriens, inaugure un Moyen Age comparable
à celui qui suit l'effondrement de Rome
devant la poussée barbare.

Les historiens s'interrogent sur le nombre
de ces nouveaux arrivants, dont ils ne décè-
lent, pour les plus anciens d'entre eux,
qu'une trace archéologique d'interprétation
ambiguë : niveaux d'incendies, sites aban-
donnés, rupture dans l'outillage, la cérami-
que, les rites funéraires. Certains, des Hittites d'Anatolie aux Normands d'Italie du
Sud, paraissent bien n'avoir été que des
petits groupes militaires transformés par la
conquête en aristocraties dirigeantes : d'où
la fragilité, à terme, de leur pouvoir. Mais les
principaux d'entre eux se révélèrent capables d'assimiler aussi bien ceux qui les
avaient précédés que ceux qui les suivirent :
témoin l'hellénisation des populations slaves
qui avaient occupé, entre le VIIe et le VIIIe
siècle, l'essentiel de la Grèce continentale.

Ou, preuve *a contrario*, le caractère superficiel de leur installation sur les côtes méridionales de la mer. Ils peuvent y créer des comptoirs commerciaux (comme les Grecs à Naucratis, sur une des branches du delta du Nil, les soumettre politiquement et les englober dans leur Empire (comme Alexandre ou Rome), y installer leurs administrateurs, leurs soldats, leurs marchands, y fonder des capitales comme Alexandrie ou des colonies de vétérans : ils y restent toujours minoritaires.

Les deux autres mouvements migratoires mettent en cause deux groupes, plus restreints sans doute en nombre, de grands nomades : Arabes et Turcs. Les premiers déferlent à partir du viie siècle depuis les déserts tropicaux du Proche-Orient, bousculent la résistance affaiblie de Byzance, imposent en deux siècles, de Bagdad à Gibraltar, leur foi toute neuve et leur langue, débordent même au nord, occupent l'Espagne et la Sicile, ravagent les côtes d'Italie et de France. Venus des steppes froides de l'Asie centrale, les seconds s'installent en Anatolie à partir du xie siècle : trois siècles plus tard l'État des Osmanlis réussit à s'établir solidement dans les Balkans avant de s'emparer de Constantinople, puis de soumettre, jusqu'à Alger, tout l'Islam méditerranéen ; mais sa tutelle sur le Maghreb se relâche vite, et la césure fondamentale oppose désormais non

le nord et le sud, mais l'orient et l'occident
de la mer.

Les deux expansions, arabe et turque, ne se
recouvrent pas : X. de Planhol a pu lier leurs
aires respectives à l'écologie du dromadaire
et du chameau, le premier inadapté à la
montagne et au climat froid, le second souf-
frant de la chaleur. Entre elles, pourtant, un
point commun : Arabes et Turcs ne sont, en
dehors de leurs domaines propres, qu'une
minorité. Les premiers ont pu islamiser et
arabiser l'Égypte — où subsiste encore une
forte minorité copte —, ils ne l'ont pas
peuplée, et leur poussée victorieuse vers
l'Ouest n'a été possible que par la mobilisa-
tion des Berbères du Maghreb. Malgré tous
les efforts des sultans ottomans pour transfé-
rer des nomades turkmènes dans les Balkans
et les y fixer, le peuplement turc de Roumélie
n'a guère résisté à la dislocation de leur
Empire. Nulle trace, il est vrai, de conversion forcée : les « infidèles » ont partout leur
place, confirmée par un impôt spécial. Et
Istanbul réussit ce paradoxe de devenir, à
l'époque de Soliman le Magnifique, la première ville turque, mais aussi la première
ville grecque, arménienne et juive... Une
hiérarchie complexe s'établit dans les campagnes entre religion, langue, origine ethni-
que et genres de vie, dont les frontières ne
coïncident pas : la marée nomade ne touche
guère aux zones de peuplement dense,

notamment aux montagnes, refuges de tous les archaïsmes. Une longue lutte commence, qui s'achève à peine, entre bédouins et sédentaires.

A l'heure des mondes pleins, et depuis notre Occident stabilisé le premier il y a près d'un millénaire, nous avons peine à nous représenter ces continuels déplacements de peuples, attirés siècle après siècle par la Méditerranée, qui lui ont donné son visage actuel. Comme si l'érudition minutieuse des archéologues et des linguistes, ou les récits terrifiés des écrivains de la basse romanité échouaient, par défaut ou par excès, à leur donner l'échelle humaine. Ils nous faut les imaginer à travers ces textes égyptiens qui, au XIIe siècle avant notre ère, montrent les chariots attelés de bœufs, chargés de femmes et d'enfants, qui suivent la marche des peuples du Nord et de la mer. A travers tel bas-relief d'Énée quittant Troie en flammes, portant son père sur ses épaules. A travers les « retours » des héros achéens après la prise de Troie : le plus célèbre, celui d'Ulysse, donne la dimension du mythe aux sites de la Méditerranée occidentale découverts à la même époque par les marins achéens : Charybde et Scylla, l'antre du Cyclope, la grotte de Circé. Ou encore à travers ces récits plus ou moins légendaires des fondations des colonies grecques en Italie du Sud ou en Sicile : une poignée d'hommes, cadets de famille, gens sans terre ou bannis politiques ; un chef de bande qui consulte l'oracle ; quelques bateaux, une lente et prudente navigation à vue le long des côtes : le choix et la consécration du site, le lotissement du territoire et la fondation d'une nouvelle cité ; les rapports difficiles avec les indigènes de l'arrière-pays ; et pour certaines de ces villes, Tarente ou Sybaris, Syracuse, Géla ou Agrigente, une prodigieuse fortune, aux limites du monde grec, comme stimulée par la concurrence de Carthage qui leur dispute, avec les mêmes moyens, le contrôle d'un Far-West méditerranéen riche en grains et en métaux.

De ce mélange indissociable d'attachement passionné à la terre, et de mobilité permanente dans l'espace de la mer, les îles, et notamment celles de la Méditerranée centrale, nous offrent sans doute le meilleur témoignage. Toutes les civilisations, toutes les dominations venues d'Orient ou d'Occident paraissent s'y être succédé.

Depuis les Torréens du second millénaire qui y ont dressé les mégalithes de Filitosa, la Corse a vu ainsi débarquer tour à tour Ibères et Ligures, Carthaginois et Romains, Byzantins et Sarrasins, Pisans et Génois avant d'être rattachée à la France. Simple héritage d'un passé mort, dont témoigne seule l'archéologie ? Tous ces apports successifs se sont fondus dans un monde unique. Mais, à

Cargèse, on peut voir face à face les deux églises Sainte Marie, l'une latine et l'autre orthodoxe avec son icône venue de l'Athos : une communauté de Grecs, exilés à la fin du XVIIe siècle après la reconquête du Péloponnèse par les Turcs y a trouvé, non sans peine, refuge, à l'exemple des Grecs et Albanais qui, à la fin du XVe siècle, avaient fondé de nombreux villages en Italie du Sud et en Sicile.

Malte, où certains ont voulu voir l'un des foyers initiaux — antérieur à la Crète — de la civilisation méditerranéenne, montre encore mieux les paradoxes d'une culture commune lentement constituée à partir des matériaux les plus hétérogènes. On y visitera côte à côte les temps néolithiques d'Hal Tarxien et Mgaar et la ville neuve de La Valette, édifiée par l'Ordre après la résistance victorieuse à l'assaut turc de 1565 ; ou les catacombes de saint Paul — qui, jeté là par un naufrage, y passa trois ans — et la vieille M'dina (Citta vecchia) médiévale où se mêlent influences arabes et catalanes. Mais cette population de 400 000 âmes (quarante fois plus nombreuses qu'au moment de l'installation de l'Ordre) reconnaît, après cent cinquante ans d'occupation anglaise, le catholicisme comme religion d'État, et écrit en caractères latins un dialecte dérivé de l'arabe maghrébin, superficiellement romanisé : langue surtout parlée par les paysans qui se définissent eux-mêmes comme « gharab » (Arabes), alors que les élites citadines, après avoir long-temps utilisé l'italien comme langue de culture, ont opté aujourd'hui pour l'anglais.

Mais que dire de la Sicile, monde clos où, depuis l'arrivée des Sicanes, italiques venus du Nord, se sont rencontrés et affrontés Grecs, Carthaginois et Romains, Byzantins, musulmans et Normands, Angevins et Cata-lans ? Elle aura toujours été une colonie, dit « Le Guépard ». Chaque occupant a pris ainsi la place, chaude encore, de l'autre, et la cathédrale de Palerme s'est installée dans la grande mosquée, comme celle de Syracuse dans le temple d'Athéna. Elle doit à tous ces étrangers une exceptionnelle richesse monu-mentale, surtout à la Grèce, dont elle a gardé les temples les plus gigantesques : c'est en Italie du Sud et en Sicile que l'Europe érudite redécouvrit au XVIIIe siècle l'architec-ture grecque. Mais sa vieille civilisation rurale, figée pendant deux millénaires dans les cadres, à peine ébranlés par instants, du « latifondo » céréalier, se montre, face au pouvoir de Rome, comme avant à celui de Naples, tenacement rebelle à toutes les « modernisations » imposées par l'État.

Depuis quatre mille ans au moins — et peut-être le double —, la Méditerranée n'a pas cessé, jusqu'à une date toute récente, d'appeler vers elle les hommes, de les fixer sur ses rivages, de les « civiliser ». Elle a été ainsi revivifiée par cet afflux continuel de sang neuf. Elle l'a payé d'une histoire brutale, scandée de destructions et de pillages, de massacres et d'exils, d'affrontements sanglants entre communautés. Mais les nouveaux venus ont vite adopté et propagé ses techniques, ses genres de vie, ses cultes, et joué à leur tour de toutes les possibilités offertes par l'équilibre traditionnel, quoique fragile et instable, entre agriculture sédentaire et vie errante des troupeaux, entre culture sèche et domestication savante de l'eau, entre villes et campagnes, entre les ressources toujours trop maigres d'une terre décevante et celles, plus prometteuses, de la mer.

Un foyer d'attraction et d'acculturation, donc. Mais aussi un lieu privilégié pour la circulation des hommes, des animaux et des plantes, des biens et des techniques, des religions et des symboles. Circulation parfois si rapide qu'on discerne mal, face à une innovation, si elle a été élaborée sur place ou apportée du dehors : historiens et préhistoriens se perdent à dépister les influences. Et ceci dès l'aube de l'histoire : la poterie serait apparue au VIIIe millénaire sur le Moyen Euphrate ; elle met près d'un millier d'années pour atteindre la mer ; mais, celle-ci à peine rejointe, elle s'y diffuse avec une rapidité prodigieuse, de la Syrie au Sahara et de l'Anatolie aux Balkans, puis dans toute la

Méditerranée occidentale ; on retrouve ainsi les premières céramiques dès avant le vi^e millénaire en Italie (dans les Pouilles), en France (près de Marseille), en Espagne (près de Cuenca) ; mais les styles présentent une telle diversité qu'il faut admettre qu'en chaque endroit la nouvelle technique a été librement adaptée, presque réinventée. L'épisode est à tous égards exemplaire, puisqu'il met en cause la fonction matricielle des pays du Croissant fertile — de la Palestine à la Mésopotamie —, le retard durable de l'Occident, et le rôle décisif de la mer dans ce survoltage des échanges : les idées y circulent plus vite encore que les objets. Il dessine ainsi une trajectoire qui ne commencera à se renverser, et avec lenteur, qu'après l'An Mil.

Mais il désigne aussi, au-dessous des grands déplacements de peuples qui ont rythmé l'histoire officielle de la Méditerranée, un autre niveau de mobilité. Permanente et comme répétitive, mais le plus souvent silencieuse car réglée de longue date par la coutume, elle fait partie du cadre de vie quotidien des hommes. Elle traduit leur aptitude à s'adapter au milieu, à accueillir les sollicitations du dehors, à adopter et assimiler, parmi les apports extérieurs, ceux qu'ils peuvent faire leurs. Longtemps la Méditerranée a été animée, comme irriguée en profondeur, par ces circulations régulières.

Si son histoire s'identifie à une longue lutte entre nomades et sédentaires, les seconds finissent partout par l'emporter, par fixer les premiers, par limiter, régler et même utiliser leurs déplacements, par les soumettre. Sans doute les conquêtes arabe et turque ont-elles provoqué, ici ou là, des régressions spectaculaires, et la bédouinisation de vieilles populations paysannes : ainsi dans l'Atlas saharien, dans le Zagros et le Fars iranien, ou en Valachie. Mais aujourd'hui, du Maghreb au Kurdistan ainsi que dans les Balkans, ne subsiste plus guère qu'un nomadisme résiduel : quelques milliers, quelques dizaines de milliers de personnes, en aucun cas une menace aux portes de la cité. Très tôt d'ailleurs, dans une large part de l'espace méditerranéen, la vie pastorale, avait été réglée par d'autres lois, celles de la transhumance. Celle-ci vise aussi à associer les ressources complémentaires des montagnes et des plaines ; elle organise les déplacements des troupeaux des pâturages d'été aux pâturages d'hiver, parfois sur de très longues distances, et elle fixe leurs itinéraires, leurs haltes, leur nombre même. La Mesta espagnole ou, dans le royaume de Naples, la Douane des Pouilles, encadraient ainsi au xvie siècle les mouvements de plusieurs millions de moutons. L'augmentation des effectifs du bétail accompagne la diminution du nombre de ceux qui se déplacent :

ce sont désormais, plutôt que des familles entières, des professionnels, des bergers payés par des propriétaires ou les communautés villageoises. Des personnages un peu mystérieux, détenteurs de secrets et toujours suspects de magie : les derniers migrants, aux marges d'une société de sédentaires.

Mais d'autres voyages continuent à déplacer des effectifs infiniment plus nombreux. Ils partent des montagnes, qui ont connu, jusqu'à l'urbanisation récente, les plus fortes densités de population. Et ils fournissent aux plaines céréalières, pauvres en hommes, la main-d'œuvre nécessaire du temps de la moisson, de la vendange, de la cueillette des olives ou des agrumes ; partout dès qu'on les voit en œuvre, dans la Maremme toscane, dans les Pouilles, en Thessalie, ces déplacements apparaissent alors fermement encadrés, dirigés par des « caporaux » de village qui ont passé marché, plusieurs mois à l'avance, avec les grands propriétaires. Certains pourtant oublient de revenir : après chaque épidémie la montagne repeuple ainsi la plaine. D'autres au contraire préfèrent se mettre au service des États et des villes. Aux premiers, ils servent de soldats, comme ces Grecs et Albanais, employés tour à tour par Venise et par le Sultan. Aux seconds, ils fournissent toute une population de boutiquiers, d'artisans, de petits commerçants. Jusqu'à la fin du xviiie siècle, l'Espagne a ainsi attiré une immigration française régulière et nombreuse. En Italie du Nord, on voit à la même époque les hommes des bourgs de l'Alto Lario, sur la rive occidentale du lac de Côme, prendre eux aussi le chemin du Sud, vers Milan, Gênes, Ancône, Rome, Naples, Palerme, où sous le nom de « Lombards », ils monopolisent, comme nos « bougnats » parisiens, certaines professions : tailleurs de pierre, savetiers (autour du Campo dei Fiori, à Rome), marchands de vin (à Palerme). Mais ils ne sont pas davantage des isolés : chaque bourg a sa destination d'élection, et, dans chaque ville, ils se regroupent en associations qui assurent l'accueil des jeunes, l'entraide mutuelle et le règlement des conflits, et décident des affaires de leur village d'origine qui ne vit, le plus souvent, que de leurs envois d'argent.

Ces migrations professionnelles, suivies ou non de retour, se distinguent pourtant du grand exode contemporain sur deux points essentiels. Au lieu de fuir la Méditerranée, elles sont dirigées vers elle, elles traduisent une division spatiale de l'habitat et du travail, une complémentarité des montagnes et des plaines : elles en expriment, à leur façon, l'unité profonde. Et, comme aujourd'hui la diaspora juive ou libanaise, elles renforcent et élargissent la cohésion des communautés en même temps qu'elles en assurent la survie.

Plus spectaculaires encore que ceux des hommes, les déplacements des animaux et des plantes mettent en cause, d'est en ouest, la totalité de la mer. Comme l'Amérique centrale pour le Nouveau Monde, à partir du Ve millénaire, le Proche-Orient, du littoral méditerranéen au golfe Persique a été pour l'Ancien Monde, trois ou quatre mille ans plus tôt, le berceau de la « révolution néolithique ». C'est là que sont apparus les premiers villages, signes d'un habitat sédentaire. C'est là qu'ont été domestiquées les principales espèces animales : le mouton, dès avant le IXe millénaire, puis la chèvre, le porc et enfin le bœuf, vers le Ve millénaire. C'est là aussi qu'est née la culture systématique des céréales, blé tendre et orge, puis celle des plantes arbustives promises au destin de plantes de civilisation, vigne et olivier : et, avec elles, les techniques de la culture sèche. C'est à partir de ce foyer initial qu'animaux et plantes ainsi domestiqués ont fait le tour du bassin de la Méditerranée puis débordé les limites de cette aire pour recouvrir l'Europe entière, et rebondir enfin en direction des Nouveaux Mondes. Seuls la vigne ou l'olivier ont vu leur expansion limitée par les contraintes du climat : encore des prouesses d'ingéniosité ont-elles repoussé loin vers le nord la limite du vignoble qui apparaît en France comme en Allemagne rhénane un « legs romain ».

Au Moyen Age, l'Occident emprunte à nouveau au Proche-Orient pour les introduire dans ses jardins une profusion nouvelle de légumes, de fruits et de fleurs : les artichauts et les asperges, les laitues et les aubergines, les courges et les melons, les poires et les prunes, les pêches et les agrumes, la canne à sucre et le mûrier, les roses de Damas... Emprunt indirect d'ailleurs, car il les doit beaucoup moins aux croisades qu'à la découverte, en Sicile et en Espagne, des réussites des horticulteurs musulmans, liées elles-mêmes à la diffusion systématique par la conquête arabe, de Bagdad à l'Andalousie et à Valence, des techniques de l'irrigation, mises au point elles aussi dans le même Croissant fertile, auxquelles Rome n'avait accordé qu'une attention limitée. Longtemps encore la richesse des jardins de l'Islam et de leurs émules d'Italie et d'Espagne contrastera avec la pauvreté de ceux de l'Europe du Nord, et la chrétienté ne fera guère mieux qu'entretenir, avant de les imiter les huertas de Palerme, de Valence et d'Elche, où tout le vocabulaire et les techniques de la maîtrise de l'eau sont restés arabes. Longtemps aussi c'est dans ces jardins, et sur les rives de la mer, que l'Europe atlantique viendra chercher les graines et les semences nécessaires pour renouveler régulièrement son patrimoine végétal : « les semences montantes du Midy

au Septentryon sont très profitables », écrit
Olivier de Serres vers 1600...

Pendant des millénaires et jusqu'à hier
encore, grâce à cette circulation silencieuse
et continue des hommes et des choses, la
Méditerranée a constitué l'aire d'élaboration
et de diffusion de civilisations à la fois
rurales et commerçantes dont la matrice se
situe dans ce Proche-Orient aujourd'hui
divisé, instable et menacé. Elle en a reçu
l'écriture, et ces chiffres venus de l'Inde que
nous disons « arabes ». Les paradoxes de la
géologie font que l'Europe industrielle lui
demande maintenant l'essentiel de son énergie — le pétrole, qui, lui aussi traverse,
comme les plantes, la Méditerranée d'est en
ouest : elle perçoit depuis peu — et s'en
effraie — sa dependance à l'égard d'une
source qui pourrait, à tout instant se tarir, et
sans laquelle elle ne pourrait pas vivre.
Simple hasard, ou signe de la mutation des
valeurs qui, dans notre civilisation techni-
cienne laisse peu de place au spirituel ? Car
le même étroit foyer du Proche-Orient a
fourni à la Méditerranée tour à tour ces
religions d'une Terre Mère dispensatrice du
retour régulier des moissons, et les trois
grandes religions monothéistes qui s'en dis-
putent aujourd'hui le contrôle. Et, avec ces
dernières, tout un système de symboles, de
rites et de valeurs, une eschatologie,
l'espérance d'un avènement du règne où

l'histoire serait abolie et où les hommes retrouveraient enfin leur place, dans ce Jardin d'où leur faute les a fait chasser et disperser. Espérance tenace, et pour laquelle viennent témoigner, à Rome, à La Mecque et dans les Lieux Saints de Palestine, des foules toujours plus nombreuses de pèlerins.

Venise

Enfants, nous avons tous rêvé au bonheur de Robinson Crusoé, au bateau échoué devant l'île, avec tant d'à propos, pour être vidé de ses richesses, aux arbres tout prêts à se transformer en énormes pieux pointus pour être plantés devant notre caverne et prêts à repousser ensuite branches et feuilles ; nous avons tous rêvé aux étrangetés d'une vie inédite, dans un royaume inaccessible, une île de liberté qui serait en quelque sorte le fruit d'une autre distribution des choses de la vie.

Venise, elle aussi, est une île, un monde autre, pour grandes ou assez grandes personnes, pour des enfants qui auraient trop grandi, mais sauraient encore rêver. Une île certes pas inaccessible, mais l'atteint-on jamais ? On l'a bien trop imaginée avant de la connaître pour la voir telle qu'elle est. Nous l'aimons au travers de nous-mêmes. Sortilège, illusion, piège, glaces déformantes, voilà ce qu'elle est, ce que nous lui demandons d'être. « Venise comme je la voulais ! », s'exclame Musset en y arrivant pour la première fois, une nuit d'hiver, en 1833. Tandis que Jean-Paul Sartre, de canal en canal, d'îlot en îlot, « cherche éperdument la Venise secrète », « la vraie Venise » qu'il trouve « toujours ailleurs », « le mystère tranquille » qu'il voit sans cesse devant lui, mais loin de lui, « sur l'autre bord », inaccessible. C'est son irréalité qui crée les enchantements et les mythes et les charmes de Venise. Ce monde à moitié vu, à moitié rêvé se referme sur nous comme de lui-même. Et c'est ce que nous attendions. Chacun de nous a sa façon d'aimer Venise, qui n'est pas celle du voisin, et de s'y enfermer à sa convenance, d'y trouver ce qu'il veut, la joie de vivre, la décrépitude de la mort, un répit, un alibi, une extravagance ou le simple entre deux d'une vie différente.

L'eau divine et démoniaque

Une ville à la fois irréelle et réelle. Peut-être parce qu'elle semble naître du néant, entre l'eau et le ciel, parce qu'elle n'est pas l'assemblage raisonnable de terre, de lumière, d'eau, de verdure que la géographie offre régulièrement à travers toutes les villes du vaste monde. La terre est ici tellement discrète, si sûrement dérobée que seuls comptent le miroir de l'eau et le miroir du ciel. La terre existe, bien sûr, mais pareille à ces bancs de sable et de boue qui, sur la lagune, émergent à peine de l'eau salée. Pour permettre à cette terre de porter Venise, il a fallu la recréer, la consolider avec des pierres, plus encore avec des milliers ou des millions de troncs d'arbres, de chênes enfoncés à la verticale. Venise surplombe une forêt engloutie.

Et toujours, à la moindre défaillance, à la moindre inattention, l'eau est là, mal contenue, perfide, qui menace de tout recouvrir, l'eau de la lagune, l'eau de l'Adriatique proche, l'eau des rivières et des fleuves qui roulent vers la ville la neige fondue des Alpes. Et aux jours d'hiver, en novembre, en décembre, en janvier, en février, les déluges de la pluie quand le ciel s'ouvre à un déchaînement de bourrasques, capables d'abattre les hautes cheminées et d'engloutir dans l'eau agitée des canaux des centaines de gondoles. Si les Vénitiennes, jadis, au moins jusqu'à la fin du XVIIᵉ siècle, se juchaient sur des « calcagnetti », étranges talons de bois, échasses en vérité, qui les soulevaient à plus de 40 cm du sol, c'était pour mettre leurs pieds au-dessus de la boue et de l'eau stagnante des « calli » et des venelles sans déclivité. Aujourd'hui encore, l'eau occupe les rues, emplit toute anfractuosité de la pierre à la moindre averse un peu sérieuse.

L'eau, toujours l'eau : c'est la matière, le matériau de la ville. Et avant tout l'eau de la lagune qui est la matrice de Venise. Mais qui le sait ? Les canaux, même les plus glorieux et dont l'image chante dans nos souvenirs, sont des conséquences, non la cause première. La cause première est cette plaine liquide qui entoure et cerne la ville, cette plaine à la fois mal ouverte et mal fermée du côté de l'Adriatique. Sans elle, rien n'aurait été possible. Venise a commencé là, elle s'explique par là, elle part de là, de ces espaces presque sans horizon sur lesquels la barque va son chemin comme en dormant, entre les « pali », ces pieux liés par trois ou quatre en faisceaux et qui indiquent la route sûre — sans doute, j'aime à le croire, en suivant les méandres des très anciennes vallées de rivières que l'eau salée a recouvertes et qui continuent, en sourdine, à servir de guide, car seules elles offrent la profondeur nécessaire aux bateaux à moteur, aux « vaporetti » des longues liaisons. Menacée, Venise, hier, se contentait d'arracher les « pali » : la lagune redevenait sauvage, inutilisable, une sorte de désert impénétrable aux embarcations étrangères.

Cette prédominance, cette royauté de la lagune, seuls les Vénitiens la connaissent et l'ont chantée, l'ont décrite même dans des livres savants. L'étranger fasciné, accaparé par la ville, dédaigne trop aisément la mer intérieure qui aboutit à elle comme une plante vivace à sa fleur. Il refuse de se perdre dans l'ensorcellement de ces plaines d'eau si unies, si irréelles, que la lumière du jour rend tour à tour blanches, bleues, roses, grises, plus rarement violettes, plus rarement encore vertes, comme les canaux de la ville, et comme les a peintes Albert Marquet. A l'horizon lointain, le bord des îles ou des flèches de sable trace à peine un filet d'ocre au ras de l'eau.

Certains de ses illustres visiteurs parlent même de la lagune — ô sacrilège ! — comme d'un espace mort, « aussi triste que la Campagne romaine ». Mais la Campagne romaine est-elle si triste ? Et le « silence éternel » de la lagune est-il si monotone ? Des dizaines, peut-être une centaine d'îles l'interrompent, de loin en loin, de leurs taches vertes. Des herbages, des arbres, des maisons ; ici un couvent ; là, un hôpital ou un monastère ; des jardins, des vergers. De quoi surcharger en légumes, en fruits, en fleurs les grosses barques processionnaires qui s'acheminaient vers Rialto, les halles de Venise. Casanova s'est réjoui de ce spectacle, des gros chalands glissant sur l'eau par centaines avec leurs montagnes de melons et de pastèques. Et les pêcheurs sont toujours là à l'œuvre, car l'eau peu profonde de la lagune reste poissonneuse. D'où ces barques si nombreuses, avec leurs voiles ocres et rouges qui furent la passion facile des peintres romantiques de Venise. En tout cas, c'est là, au cœur de cette sorte de Morbihan, marais, marécage et flux d'eaux vives à la fois, que Venise s'enracine, qu'elle a commencé à vivre dans une zone naturelle de refuge, au temps des très lointaines invasions barbares, surtout à l'époque des Lombards, aux viie et viiie siècles. Au milieu des huttes de pêcheurs — semblables, peut-être, à ces abris sur pilotis qu'on rencontre encore en errant sur la lagune —, parmi des paysans qui piochent le sable ingrat, parmi des ramasseurs et pauvres vendeurs de sel, quelques propriétaires fortunés de Terre Ferme ont cherché un abri. Sur chacune des îles basses de la lagune, des villages, des villettes ont poussé, dès que des relations s'établirent avec la mer et l'Italie proche. Finalement de vraies villes essayèrent de se mettre en place. D'abord à Malamocco, au sud du Lido, là où une large porte s'ouvre dans le sable jusqu'à l'Adriatique. Puis à Torcello, aujourd'hui retournée à ses mauvais herbages et à ses vignes en tonnelles et qui s'est vidée littéralement de sa richesse ancienne, parce que les conditions hydrographiques de la lagune se sont modifiées à son désavantage : des alluvions dangereuses, créatrices d'eaux mortes, l'ont alors cernée et condamnée. Torcello, aujourd'hui, est un désert : seuls sont témoins de sa splendeur éteinte des ponts romans, l'église en rotonde de Santa Fosca qui remonterait au VIIIᵉ siècle et l'église cathédrale, dans sa solitude, avec ses mosaïques byzantines du XIIIᵉ siècle, son campanile, son étagement de coupoles ourlées de tuiles rousses. Rêvons à ce qu'il serait advenu de Venise elle-même, bâtie autour de Rialto, si l'eau l'avait trahie comme elle a trahi Torcello, Saint-Marc et le campanile en restant les seuls témoins lugubres.

Mais l'eau ne l'a pas trahie ; les hommes se sont employés, ils s'emploient aujourd'hui encore à la sauver, chaque fois qu'elle a été, qu'elle est menacée. Venise, c'est Pénélope à sa toile. A ce prix, elle s'est agrandie et développée et, comme il n'y avait de place que pour une seule réussite urbaine, les autres îles de la lagune ont vécu dans l'ombre de Venise, comme elles ont pu. Murano est devenue l'île surpeuplée des verriers parce que Venise, dès 1290, n'a plus toléré chez elle les dangers de cet art du feu. Burano a vécu humblement du travail de ses dentellières et de ses pêcheurs. Le Lido, île étrange, simple flèche de sable, est resté longtemps une plage déserte. Au XVIᵉ siècle, la Seigneurie y faisait essayer ses pièces d'artillerie, et les bœufs importés de Hongrie et de Pologne s'y reposaient des fatigues de leur interminable voyage avant de gagner les abattoirs des « Beccarie », près de Rialto.

Les patriciens de Venise y venaient s'exercer à l'arbalète et y dressaient leurs faucons. Byron y avait fait transporter ses chevaux et tous les jours, sur ces dix kilomètres de sable vide durci par l'eau de la marée, ils galopaient, lui et Shelley, ivres d'espace et de solitude, dans le vent et l'odeur de la mer. Aujourd'hui, le Lido, horrible quartier d'hôtels en style 1900, est devenue une station balnéaire et, ce qui est mieux, une capitale du cinéma.

Alors, pour comprendre Venise, suffit-il de regarder la lagune du haut du campanile de Saint-Marc, ou d'un hélicoptère, ou même de la traverser avec le « vaporetto » qui gagne Chioggia, au sud-ouest ? Ne faut-il pas flâner au ras de ses eaux, s'y égarer un peu ? La lagune, ce sont les premières dimensions de la vie et de l'histoire de Venise : la lagune qui la protège, la lagune qui la pénètre du flot montant de sa marée et la balaie de son reflux, la lagune, chemin du monde. La flèche de sable qui la barre s'ouvrait jadis par cinq portes malaisées à franchir. Il en reste trois aujourd'hui : San Nicoló, Malamocco, Chioggia. Longtemps Malamocco, la plus importante, aura été le passage obligé, difficile et à dessein maintenu difficile. Les Vénitiens « n'osent pas approfondir leur canal de Malamocco, expliquait Montesquieu, de peur que les flottes ennemies n'y entrent ».

Mais la lagune, protection de la ville, « vero propagnacolo della pubblica libertà », est elle-même en perpétuel danger : les marées hautes de l'Adriatique peuvent rompre les cordons de sable, les « lidi », qui la protègent ; les alluvions que charrient les rivières la menacent de comblement ; enfin l'eau des inondations fluviales provoque aussi la hausse de son niveau — alors elle inonde la ville. Que ce soit l'eau douce ou l'eau salée qui en porte la vraie responsabilité, ces inondations, ces « acque alte, altissime, alte e notevolissime » — submergent régulièrement la place Saint-Marc. Parfois au point que « si naviga per la piazza », que l'on navigue sur la place (31 octobre 1746) ; ou bien la « Merceria » elle-même se transforme en canal. Mais qui n'a pas vu récemment, en ces mois toujours critiques où l'affaissement général du sol de Venise crée les problèmes dramatiques que l'on sait, des photographies de la place Saint-Marc envahie par l'eau et le brouillard, avec ses passerelles de bois mises bout à bout sur lesquelles un passant solitaire s'avance à pas lents et précautionneux, comme en pays inconnu ? Ces catastrophes, qui se produisent de préférence en octobre, novembre ou décembre, avaient hier pour conséquence supplémentaire de gâter les puits, ceux des palais, et aussi les « pozzi pubblici », qui servaient au ravitaillement populaire. L'eau

s'étant retirée, il fallait les remettre tous en
état aussi vite que possible.

Car le paradoxe, c'est que Venise, l'aquati-
que Venise, aura jusqu'en plein xixe siècle et
donc encore à l'époque de Stendhal, manqué
d'eau potable. Les puits sur les places et dans
les cours des palais ne font que collecter et
filtrer l'eau des pluies. C'est une rareté
extrême de déceler (parfois sous un canal)
une source d'eau douce et potable. Hier l'eau
nécessaire à la voirie, aux métiers, même à la
consommation ménagère était apportée par
les soins des « barcaruoli » qui avaient le
privilège de ce transport. Ils puisaient l'eau
de la Brenta — le fleuve que les ingénieurs
vénitiens avaient endigué et, à cause de ses
méfaits, dérouté vers Chioggia, lui interdi-
sant pratiquement l'accès à la lagune ; ils en
emplissaient leurs barques, devenues réci-
pients. Ensuite, à Fuzina, un manège à chevaux assez compliqué faisait passer du
fleuve dans la lagune les embarcations
pleines d'eau.

Au cœur de Venise

Pour votre première rencontre avec
Venise, il vaut la peine de choisir votre
chemin, votre heure. Vous pouvez, comme
tout le monde, arriver par la voie ferrée,
c'est-à-dire par la digue qui commence à

Mestre et file jusqu'à la gare, à l'extrémité du Grand Canal ; ou bien, par la route, jusqu'au Piazzale Roma, non loin de la gare, où les automobiles, devenues inutiles, s'entassent sur plusieurs étages de parking. Mais arriver par la mer, c'est la route royale. D'où que vous veniez, le navire franchira la porte de San Nicoló et s'engagera dans le chenal profond qui, à travers la lagune, le mènera jusqu'aux Zattere. Supposez que vous arriviez au petit matin, et que, endormi, vous n'ayez pas vu de loin la ville se rapprocher. Vous vous éveillez, vous montez sur le pont, et d'un coup, d'un seul coup, vous voilà au vrai cœur de Venise. En face de la place Saint-Marc, ou mieux de la Piazzetta, le bateau va tourner lentement pour se diriger vers l'accostement. Il défile au ralenti devant les arcades du Palais des Doges, le campanile de Saint-Marc, et traverse sans y pénétrer l'entrée du Grand Canal. Vous étendriez la main que vous saisiriez la Fortune dorée qui domine la Dogana da mar. Vous vous engagez peu après dans le large bras de mer des Zattere que suivent les gros pétroliers en route vers Mestre. A l'entrée du Grand Canal, voilà la Salute protectrice, l'église construite sous l'invocation de la Vierge Marie, en action de grâces, au lendemain de la peste de 1630-1631. Vers le sud, voilà la Giudecca, barre de sable, avec ses maisons lointaines et le dôme du Redentore. Venise n'est-elle pas la ville des coupoles ? Plus près, l'îlot de San Giorgio Maggiore a, lui aussi, sa coupole et son campanile.

Le vrai cœur de Venise n'est ni sur ses places, ni sur l'arche du pont de Rialto, mais dans ce « bacino di San Marco » qui est son port, large coupe d'eau qui s'agite au moindre vent, fait onduler les gondoles attachées à leurs pieux et laisse passer ou le vaporetto familier, acharné à faire la navette de quai en quai, ou les bateaux des longues traversées, en route vers de lointains pays, des navires parfois tout blancs qui, silencieux sur l'eau unie, semblent faits de papier, irréels.

En tout cas, c'est là, paresseusement, au bord de l'eau, qu'il faut regarder Venise pour la première fois. Si vous êtes arrivé par le chemin de fer et que vos premiers pas vous conduisent, comme de juste, vers la place Saint-Marc, traversez vite ce cœur de la Venise officielle, cet espace des grandes cérémonies, des troupes de pigeons parasites et des touristes pressés. N'entrez encore ni dans la basilique, ni dans le palais des Doges. Gagnez la Piazzetta. Et ne regardez pas trop les deux colonnes entre lesquelles on pendait jadis les nobles condamnés à mort ou d'autres suppliciés de classe. Car Venise a eu ses cruautés. Oubliez-les ! Ne pensez pas davantage au Pont des Soupirs, ni aux prisons des Piombi auxquelles ledit pont menait les

condamnés. Tournez vers la droite. Le café
du Todaro vous attend. Il porte un très joli
nom, celui du saint qui, avant saint Marc, a
été le protecteur de la ville orgueilleuse. Sa
vaste terrasse est l'observatoire rêvé. Tout
près de là bat l'orchestre des bruits tranquilles de l'eau. La mer tape sous le bois
léger des gondoles et frappe inlassablement
les pierres du quai. Si le soleil est de la
partie, si l'odeur et la brise de la mer vous
caressent, fermez les yeux. Toutes les gloires
de Venise, avec un peu d'imagination, surgis-
sent devant vous : les galères au ras de l'eau,
les naves au ventre rebondi, même la galère
dorée du Bucentaure à bord de laquelle, lors
de la « Sensa », la fête de l'Ascension, le
Doge, chaque année, épousait solennelle-
ment la mer. Et partout, comme de juste, des
masques, rien que des masques. La joie de
vivre est au rendez-vous.

Hors de la durée

Miracle, surprise au moins : à Venise le
temps ne s'écoule pas comme ailleurs. La
ville est par magie hors de la durée. Nous
vieillissons, mais rien en elle n'ose, semble-t-
il, bouger et vieillir. Il y a bien quelques
fautes de goût, je veux dire des actualités
criantes : le « vaporetto », l'autobus de la
ville, qui va d'un bord à l'autre du Grand

Canal, inlassablement, mais il est là depuis si longtemps déjà ! Ou bien, plus récents, les canots à moteur haïssables qui bousculent les plans d'eau et font tant de bruit. Mais il est si commode, parfois, d'y poser ses bagages et sa personne ! Ce sont là des accrocs qu'il est facile d'oublier, pour peu qu'on veuille les oublier. On leur tourne le dos et l'on s'enfonce en un instant dans une succession de passés reconnaissables, comme exposés pour notre plaisir au bord de notre route, quelle qu'elle soit.

Vous pouvez vous amuser à les reconnaître, un à un, par amour de l'histoire, de l'art ou de la pédanterie. Si vous aimez Giovanni Antonio Canal, dit le Canaletto, mort à Venise le 20 avril 1768, vous pouvez, avec lui, retraverser la Venise des jours de fête, belle comme un décor de théâtre, mais aussi la Venise des promeneurs devisant sur les places et les marchés. Vous pouvez, à la rigueur, partir à la recherche de sa maison, dans la Salizzada San Lio, près de Santa Maria Formosa. Vous n'aurez pas l'impression de rentrer là dans un musée, comme si vous faisiez à Amsterdam, par exemple, le pèlerinage de la maison de Rembrandt. A Venise, le passé fait naturellement partie du présent. Vous trouverez tout aussi facilement sur votre chemin la pauvre maison où est né Francesco Guardi, grand peintre amoureux de Venise à qui Henri de Régnier reconnaissait « la science des ciels et des eaux ». Mais n'est-ce pas le privilège d'un Vénitien de naissance ? Et si votre imagination se plaît à ces réminiscences, allez, à une heure nocturne, retrouver, ou croire que vous retrouvez la maison de Cimarosa, Vénitien d'adoption (1749-1801), et réentendez sa musique que l'on dit légère — mais aurait-elle le droit de peser à Venise ? Ou retrouver la chambre des amours tumultueuses de Musset et de George Sand — non, penserez-vous, l'histoire a trop pauvrement fini. Ou retrouver le palais Vendramin où Wagner meurt à 79 ans d'une crise cardiaque le 1er février 1883. Mais, comme d'Annunzio, Wagner n'est-il pas au rebours de ce que nous aimons à Venise ? trop de bruit, trop de déclamation, trop d'orgueil. Mieux vaut écouter les plaisantes vantardises de Casanova. Il ment comme il respire, mais sans lourdeur.

A Venise, il n'est même pas nécessaire d'appeler l'histoire à la rescousse pour imaginer le passé. Le passé est omniprésent, comme une vase molle, multiple, épaisse, dans laquelle on s'enlise sans même s'en apercevoir, dans laquelle le présent sombre, lui aussi, et s'engloutit avec somnolence. Le dépaysement, l'étrangeté des perceptions et leur persistante monotonie finissent par faire de l'illusion une vérité, une atmosphère, une obsession sans cesse recréée par

ces répétitions qui emplissent la vue et peuplent l'esprit : partout l'eau et la pierre,
partout l'eau et la brique rose, partout l'eau
et les gondoles qui tracent leurs lignes
droites, partout l'eau et les gros bacs chargés
de fruits, de bois, de briques, de tuiles, avec
leurs mariniers appuyés sur leurs perches et
qui marchent sur le rebord du chaland pour
que celui-ci se dérobe sous leurs pieds et
avance. Et ces maisons qui toutes ont l'air de
sortir la tête de l'eau et de se préoccuper de
ce seul effort secret, qui est comme leur
raison d'être. Et ces ruelles qui ont l'air de ne
mener nulle part, suivant un bout de quai,
enjambant un pont, allant dans un sens puis
dans l'autre pour contourner l'obstacle des
canaux et des maisons. Il est vrai que, égaré
un instant dans le dédale, vous retrouverez
toujours les grands repères inchangés ou
presque, sur lesquels régler votre marche
comme si l'on naviguait en mer d'après les
signaux du littoral. Après quoi, il suffit de
suivre la foule, suivre le courant, comme l'on
dit à Venise. Venant de Saint-Marc, dirigez-
vous vers la Merceria, vous vous retrouverez
à Rialto sans avoir besoin d'y réfléchir.

Le miracle, c'est que ces repères qui n'ont
jamais le même âge vivent ensemble et se
confondent, ils brassent le temps révolu, le
mélangeant sans fin. Pas des langages différents, mais un langage fait de tous ; pas une
époque, mais des chevauchements d'épo-

ques. Écoutez Le Corbusier qui lui aussi à Venise a rêvé. Il est sur cette place de Saint-Marc dont nous avons tant de fois vu l'image que nous en trouvons l'assemblage naturel. Et pourtant, quelle leçon ! « Venise, place Saint-Marc, note Le Corbusier, fréquentation polie et brillante d'époques successives ; Procuraties vieilles, Procuraties nouvelles, Saint-Marc romane, aux coupoles turquifiées, orfèvrée d'un gothique sans attache nulle part ; le Campanile, ce fabuleux campanile... Le palais ducal avec ses poteaux. Toutes les techniques, tous les matériaux... Venise offre sa magistrale leçon d'harmonie. »

Harmonie, mélange, mais aussi intemporalité. C'est pour cette raison et d'autres que tout y est actuel et défunt à la fois et cependant vivant. Nous pouvons voir impunément Venise avec les yeux de ses peintres et visiteurs de jadis, aussi bien les yeux tranquilles de Carpaccio que ceux de Guardi ou de Canaletto, sorte de photographe génial, ou de Ruskin, ou de Jean Cocteau. Les images, les couleurs, les passions peuvent être les mêmes. L'anachronisme s'est enfui à tire d'aile. La Piazzetta vous enchante, elle enchantait Marcel Proust. Les Zattere vous ravissent, elles ravissaient Ruskin. Les ruelles vous semblent découpées au couteau dans la masse compacte des maisons, ce sont les venelles dont Goethe disait qu'on pouvait en mesurer la largeur des deux bras étendus et que, « dans les plus étroites, on touche déjà les côtés du coude, si l'on met les poings sur les hanches ». Et nulle part ailleurs, sauf en Hollande et encore, l'œil ne peut confondre dans un même souvenir les couleurs, l'éclairage, les images d'un tableau du xve ou du xvie siècle, et celles qu'on retrouve quelques minutes plus tard, passé la porte du musée, en débouchant sur le Grand Canal. La Venise familière d'aujourd'hui se retrouve sans effort près de Carpaccio ou de Canaletto, de Guardi ou de Tiepolo et des auteurs moins illustres des fresques des villas de la campagne vénitienne. Vous flottez sur leurs barques, vous baignez dans leurs couleurs : le rose tendre de la brique ; la lumière changeante de l'eau ; la pierre blanche des marches des ponts ; la brume claire ; un peu, beaucoup du soleil de l'Italie et un peu, beaucoup des eaux glauques et miroitantes, des bourrasques de Hollande. Venise, monde à part, tourne le dos à la Péninsule. Elle se situe au-delà des oliviers, des palmiers et presque de la vigne. La borah, le mistral de l'Adriatique, tourmente la mer et la lagune, tord les nuages et glace la ville jusqu'aux entrailles. Les hautes cheminées ne sont pas un pur ornement : elles sont nombreuses au-dessus des maisons, aujourd'hui comme au temps de Carpaccio. Sans la chaleur du feu, comment passerait-on l'hiver qui revient

chaque année, dur, sérieux ? Il est arrivé que
la lagune soit prise par les glaces ; alors il
était possible d'aller à pied des Zattere à la
Giudecca, ou même de Saint-Marc à Fusina,
sur la Terre Ferme. Certains matins, disent
les chroniques, les façades givrées des maisons brillaient comme des miroirs et les
cavaliers albanais au service de Venise cara-
colaient sur la glace du Grand Canal. La
chronique raconte aussi la mésaventure de
Leonardo Donà, sorte d'homme des lumières
bien avant la lettre, qui, élu doge le 10 janvier 1606, se refusa à jeter des pièces de
monnaie au peuple : celui-ci se vengea en le
bombardant de boules de neige.

Si toutes ces images, présentes et passées,
se confondent si facilement et si fortement, si
l'impression est tellement insistante que rien
n'a jamais changé, que rien ne saurait chan-
ger à Venise, n'est-ce pas aussi en partie à
cause du privilège vénitien de la lente, de
l'adorable marche à pied, à une époque où
l'honnête homme ne se déplace plus guère
lui-même, mais s'abandonne aux roues ?
Tous ces paysages d'hier, semblables à ceux
d'aujourd'hui, notre marche les a frôlés,
entourés, valorisés, mis en vedette. Il nous
faut, bon gré mal gré, en voir lentement
chaque détail. Où donc les ponts sont-ils,
comme ici, des volées de marches de pierre
qu'il faut monter, puis redescendre, presque
à chaque tournant de rue ? La marche à pied

et le silence d'une ville de piétons font aussi partie du dépaysement vénitien.

Grandeur et décadence

L'amusant, c'est ce qu'a inspiré aux écrivains et aux historiens cette troublante présence du passé vénitien, que chacun touche, respire, mais qui glisse comme de l'eau entre vos doigts. Chaque écrivain y voit ce qu'il désire. Les passions s'avouent ingénuement et barbouillent le paysage entier de rose ou de noir, des coloris de la proximité, des tons de l'éloignement. Tant qu'à faire, choisissez sans scrupule vos propres couleurs. De Venise, tout a été dit et son contraire.

Tout compte fait, je n'aime guère ces voyageurs pressés, si illustres et prestigieux soient-ils, qui veulent à l'avance que Venise ait telle ou telle résonance, non pas telle autre ; par exemple que, souveraine déchue, elle ait obligatoirement l'odeur pourrissante de la décadence, des fruits qui ont bletti. Ou, à l'inverse, qu'elle ait gardé seulement les couleurs de sa gloire et l'opulence dorée d'un Véronèse. Tout n'est pas noir, tout n'est pas lumière à Venise. Pourquoi devrait-elle évoquer seulement ou la grandeur ou la décadence ?

Et d'abord, quelle grandeur ? La première grandeur de Venise, palpable, encombrante, est celle de ses triomphes matériels et politiques. Elle a été la reine de l'Adriatique, la souveraine de la Méditerranée. Victorieuse de Gênes en 1381, elle émerge seule dès lors, pour plus d'un siècle, au-dessus des autres villes et des autres États d'Europe. Même le petit roi de France, Charles VIII qui, en septembre 1494, a franchi les Alpes, puis a couru jusqu'à Naples, n'impressionne pas outre mesure la Sérénissime. Elle se concerte avec les princes d'Italie et l'envahisseur est reconduit allègrement chez lui.

C'est que Venise tient tous les fils d'or dans sa main. Elle est la capitale du ducat et du sequin, de l'or africain et de l'argent d'Europe centrale, la reine du poivre, des épices, des drogues, de la soie, la capitale du coton qui arrive chez elle de Syrie, par énormes balles et navires entiers. Les marchands allemands viennent vers elle pour acquérir les richesses du monde et elle les enferme dans le « Fondaco dei Tedeschi » pour les mieux surveiller, car s'ils ont le droit de commercer à Venise, ils n'ont pas celui de s'immiscer dans les trafics fructueux du Levant. Venise engloutit tout, revend tout : les vins liquoreux et les raisins secs des îles grecques, l'huile des Pouilles, les vins du Mezzogiorno, plus lourds en alcool que les petits vins d'Istrie qui gagnent par priorité les caves d'Allemagne, le blé de Naples, du Levant et de Sicile, le sel de Chypre et de l'Adriatique...

Cette exploitation, ce pillage du monde n'aura eu qu'un temps et Venise, un beau jour, se laissera voler son rôle. Le sceptre passera successivement de Venise à Anvers, d'Anvers à Amsterdam, d'Amsterdam à Londres, de Londres à New York. Venise a volé les autres, elle sera volée à son tour. C'est la règle du jeu. Les chevaux de Saint-Marc ont été dérobés à Constantinople et les grands lions de marbre, à l'entrée de l'Arsenal, sont des trophées rapportés par l'amiral Morosini du Péloponnèse. Mais lorsque les frises du Parthénon quitteront Athènes, au XIXe siècle, n'est-ce pas au British Museum qu'elles se retrouveront ? Tout espace économique cohérent aboutit à une ville centrale, comme une pyramide à sa pointe. Venise a été cette pointe unique de 1381 à 1498, peut-être déjà avant sa victoire sur Gênes (1378-1381), peut-être quelques années encore après le retour triomphal de Vasco de Gama à Lisbonne (1498).

Ce triomphe de Venise, c'est un long dossier d'histoire où tout se mêle : les vertus d'un peuple travailleur, les sagesses d'un gouvernement raisonnable, les hasards de l'histoire, plus quelques brutalités exécrables. Ainsi Venise n'a grandi qu'en se nourrissant des marchés, des complaisances et des faiblesses de l'Empire byzantin, en lui

imposant ses services. Elle a mangé l'énorme
maison du dedans, comme les termites dévo-
rent une charpente. Et c'est elle qui a
détourné la IVe croisade vers Constantinople. Le sac de la ville (1204), cette « orgie du
capitalisme », le dépeçage de l'Empire fondent la grandeur de Venise, ses riches
deviennent plus riches encore, son gouvernement oligarchique plus fermé sur lui-même.
Après l'élimination de Gênes, sa rivale, en
1381, elle devient la maîtresse des trafics du
Levant, c'est-à-dire du commerce international de l'époque.

Mais à quoi bon détailler un dossier souvent plaidé et dont les pièces sont archi-
connues ? Tout au départ est déterminé par
les sacs de poivre et d'épices diverses, den-
rées précieuses pour lesquelles l'Europe a
une passion maladive, alors qu'elle ignore
encore le café, le thé, le chocolat, le tabac et
même l'alcool dont la diffusion ne commencera qu'au xvie siècle. Mais, pour saisir les
précieuses marchandises, il faut organiser
des liaisons avec le Proche-Orient et faire
mieux que les concurrents. Ce sera à partir
du xive siècle un des résultats du système des
« galere da mercato », ces grosses galées de
commerce que la République construit et
met au service de ses patriciens marchands.
Il faut pareillement contrôler les marchés du
coton, de la soie, du cuir, jouer des deux
métaux précieux, l'or et l'argent, créer un

système de crédit par des lettres de change et des banques dites de « scritta », d'écriture, puisque sur les registres des banquiers une ligne d'écriture et de chiffres permet de virer des sommes d'un compte à l'autre. La grandeur de Venise c'est, sur la place de Rialto, là où se tient la Bourse, près de la petite église de San Giacometto, la réunion quotidienne des grands marchands, banquiers et assureurs ; ce sont non moins les métiers de la ville, les « Arti », qui travaillent la laine, la soie, le verre ; c'est le prolétariat docile des travailleurs non spécialisés sans lesquels rien ne marcherait, ne se débarquerait, ne s'embarquerait, ne se distribuerait à travers la ville, un petit peuple nombreux et assez soumis, sans doute parce qu'il participe aussi au flux de marchandises et d'argent ; c'est enfin l'Arsenal qui, à la fin du XVe siècle, réunit de 2 000 à 3 000 travailleurs et se trouve être la plus grosse manufacture d'Europe. Vers octobre, chaque année, les galères sont tirées au sec. Au printemps elles regagnent la mer.

Cette Venise débordante d'activités, richissime, sûre d'elle-même, c'est celle que Commines regarde avec stupéfaction, en 1495, et qu'il décrit d'un mot étonnamment juste : « La plus triomphante cité que j'aie jamais vue. » L'habitude de la domination, de la prééminence ont façonné, imprégné la ville, son esprit, son art, son art de vivre, ses spectacles publics. « Le Triomphe de Venise », c'est encore le thème choisi en 1584 pour les décors de la salle du Sénat, peints par Jacopo et Domenico Tintoretto. Et la ville a conservé jusqu'à nos jours une certaine capacité d'éblouir et de s'éblouir elle-même, comme l'Angleterre d'aujourd'hui reste marquée de façon indélébile par son passé impérial. Ceux qui ont joué les premiers rôles en retiennent toujours quelque chose. La décadence, mot étrange et ambigu, ce n'est en tout cas ni l'infamie, ni le désespoir, ni les regrets éternels. Venise a continué à vivre ; l'Angleterre, la France, l'Europe continuent bien à vivre sous nos yeux.

Ce sont les romantiques qui ont voulu retrouver à Venise l'image du désespoir de vivre, de la langueur, de la décrépitude, de la délectation que l'on éprouve à se « sentir mourir avec tout ce qui meurt autour de vous ». Barrès aurait pu reprendre à son compte ces mots de Chateaubriand, lui qui se repaît à Venise de « l'air fiévreux de la lagune », de sa « mélancolie déchirante », « du silence et du vent de la mort », du « sublime de la désolation ». Pour lui, Burano, Torcello, ces « nids de boue », ces « sépulcres », c'est « la mort qui fait leur magnificence ». Dans le « décor tragique » de San Francesco del Deserto, un îlot de la lagune, les oiseaux ne se sont-ils pas tus à jamais depuis que saint François, s'y arrêtant à son retour d'Égypte, a interrompu leur chant pour prier, oubliant ensuite de « ranimer leur ramage » ? Aussi l'eau qui entoure San Francesco est-elle plus morte que sur aucun point de cette mer esclave. Implicitement, c'est le thème de « La mort à Venise », de Thomas Mann, où la mort d'un homme et la mort d'une ville se mettent à l'unisson. Mais tous ces états d'âme n'ont rien à voir avec la réalité telle qu'elle a été vécue par Venise, des siècles durant, depuis le début lointain des Guerres d'Italie jusqu'à la fin du XVIIIe siècle.

Le repli de Venise n'a pas été construit ou déterminé du dedans, pas plus que celui de la France ou de l'Angleterre actuelles. Nos Empires, notre grandeur ont été brisés du dehors. Le responsable c'est le monde, qui a changé. Venise a été pareillement surprise, sans en peser aussitôt les conséquences. Avons-nous été plus clairvoyants ? Nous fêtions hier les Gallieni et les Lyautey, Kipling chantait les gloires de l'Inde anglaise ! Venise non plus ne s'est pas aperçue que la vie abandonnait peu à peu ses décors glorieux et ces troupes de lions ailés qu'elle avait répandus à travers son Empire comme la marque de sa présence possessive. Elle a continué de croire en elle-même, de croire à sa force, au moins jusqu'en 1718, jusqu'à cette paix tardive de Passarowitz par laquelle elle restitua à la Turquie la Morée, reconquise en 1687, et qu'elle n'avait pas su garder. Toutes choses égales d'ailleurs, la paix de Passarowitz c'est un peu ce que l'abandon de l'Algérie a été pour la France, en 1962. Sans doute, les termes de la comparaison n'ont-ils pas le même poids, mais la différence est grande entre une nation comme la nôtre et une nation comme la vénitienne qui devait, elle, se retrouver limitée en verité au cercle étroit d'une ville.

Ce qui a eu raison de Venise, ce sont les routes du monde qui se déplacent lentement de la Méditerranée à l'Atlantique ; ce sont les États nationaux qui grandissent Dès le xvie siècle, Venise se heurte à ces corps épais : l'Espagne, la France, l'une et l'autre avec des prétentions impériales ; plus encore surgit l'Empire turc, colosse d'un autre âge, mais colosse, contre lequel elle s'épuisera. Elle a sur lui la supériorité de la technique — ses chantiers navals, ses marins, ses ingénieurs, ses canonniers —, mais ses victoires (même Lépante, 1571) sont sans lendemain. Elle perdra Chypre en 1572, Candie en 1669, la Morée pour finir en 1718. Surtout que l'on ne mette pas en doute son courage : qu'aurait-elle pu faire pour retenir chez elle la fortune du monde ? Elle a maintenu au moins sa liberté. Elle finira par succomber contre l'armée de Bonaparte, en 1797, mais deux ans plus tôt Amsterdam avait succombé

devant l'armée de Pichegru et, face à la
poussée française, les trop petits États d'Allemagne ne se sont-ils pas brisés comme du
verre ?

La fête ou la seconde gloire de Venise

La façon dont Venise a vécu les deux
derniers siècles de son indépendance, dont
elle s'est adaptée à des temps nouveaux
explique, sans doute, qu'elle ait conservé son
orgueil et par surcroît sa bonne santé. Déca-
dente, oui, bien sûr, mais vivante, saine,
brillante sur le plan de l'esprit, triomphante
encore et rendez-vous encore de l'Europe.
Dans ce miroir, elle peut se regarder avec
complaisance.

Même sur le plan économique, les choses
tournent, ne vont pas si mal. La grande
propriété qui se développe en Terre Ferme a
misé sur la productivité grandissante d'une
agriculture en constante évolution : le maïs
s'introduit, s'installe, le mûrier se multiplie
et la soie, comme le riz, comme le chanvre,
prospère ; l'élevage fait de tels progrès, offre
un instant de si hauts profits que l'on serait
tenté de parler, au xviiie siècle, d'une révolution verte en Vénétie. Les patriciens, héritiers et acheteurs de larges domaines, font
sur leurs terres de tels bénéfices qu'ils ne
songent nullement à disputer aux petits

entrepreneurs et aux marchands juifs de la ville les profits d'un commerce qui renaît sur les routes anciennes du Levant (le café de Moka arrive à Alexandrie d'Égypte comme jadis le poivre; la conquête russe pousse le blé d'Ukraine vers la mer Noire et celle-ci s'ouvre aux vaisseaux de Venise).

Ils abandonnent d'autant plus volontiers le négoce maritime que les maisons des champs — les magnifiques villas des bords de la Brenta et d'ailleurs — associent les voluptés de la vie des champs aux voluptés de la vie mondaine. C'est à l'approche de l'hiver seulement qu'il faut retourner à Venise qui, dès ce moment de l'année, est une ville de la fête et du spectacle, où chacun, petit ou grand, triste ou moqueur, pauvre ou trop riche, trouve ou retrouve la joie de vivre.

Venise n'a inventé ni le tourisme, ni la musique profane, ni le théâtre, ni l'opéra, ni le carnaval, ni les masques. Mais tout cela est venu vers elle, en rangs serrés. Au XVIIIe siècle, peut-être 30 000 étrangers y séjournent en permanence. Pour la fête de la Sensa, ils sont 100 000, c'est-à-dire que la population de la ville double, que toutes les boutiques ont leurs clients, que le vin de Malvoisie coule à flots, que les deux cents cafés et les dix-sept théâtres de la ville sont pleins à craquer et tout pareillement les salles de jeu, antres de l'enfer... Musiciens, chanteurs, acrobates, gondoliers, peintres, comédiens, auteurs dramatiques, femmes légères sont de la fête. Et aussi une masse de petites gens qui offrent leurs services et en vivent.

La famille Tron, une famille patricienne qui possède terres et palais, propriétaire du premier théâtre — celui de San Cassiano — aurait inventé le théâtre à guichets payants : le populaire y entre, s'y entasse dans le parterre, y reste souvent debout, les riches y occupent les loges. Mais ce public nombreux agit par sa masse : c'est lui qui met fin à l'opéra raffiné selon la tradition de Monteverdi (1567-1643) ; dans les entractes paraissent les acrobates, les bouffons, les diseurs de bons mots, il y a comme un renouveau de la vieille commedia dell'arte qui, sous l'influence de Goldoni, retrouve naturel et fraîcheur renaît comme un nouveau genre de comédie. Et tout — théâtre, concerts, fêtes publiques, fêtes des saints patrons, anniversaires, baptêmes ou mariages, réceptions d'illustres étrangers — tout est prétexte à festivités.

La « ville la plus gaie de l'Europe », comme l'appellera Stendhal, est donc en représentation permanente. Le carnaval y dure six mois, six mois de folie où le port du masque autorise toutes les libertés. Pendant l'Avent, pendant le Carême, les masques disparaissent, mais la musique religieuse, les concerts privés les messes en musique prennent le relais. Le 7 décembre 1686, parmi les nouvelles envoyées de Venise à Londres, se glisse celle-ci : en cette époque où « les âmes se préparent avec la plus grande dévotion à l'attente de la naissance du Sauveur, mercredi, après souper, on a eu un divertissement spirituel à l'Église des Incurables avec un oratorio chanté par des fillettes, intitulé « Le triomphe de l'innocence », opéra dû à la plume érudite du Dr Piccioli et la musique au virtuose Signor Pallavicino, qui, chanté par les voix angéliques de ces enfants, a reçu un applaudissement unanime. L'église, qui est d'une fort grande capacité, était pleine de nobles et de dames et la foule des auditeurs fut telle que qui tarda à arriver n'eut pas de place et le spectacle dura l'espace de trois heures et l'on croit qu'il sera donné à nouveau. »

La fête, industrie de Venise ? Un économiste dirait : un moyen de vivre. Pour les amuseurs, en tout cas, c'est un travail fiévreux, sans arrêt, épuisant. La musique, la pièce de théâtre ne durent même pas une saison ; le public exige sans cesse des nouveautés. Vivaldi compose au galop ; a-t-il besoin de quelques paroles à mettre en musique, Goldoni les lui écrit sur-le-champ, en un quart d'heure à peine... C'est peut-être de cette hâte que s'échappe, aujourd'hui encore, une joie de vivre si vivante. Écoutez du Vivaldi ou du Scarlatti, le miracle se produit aussitôt. Et les peintres, ne peignent-ils pas aussi vite que les musiciens écrivent leurs notes ou Goldoni ses pièces dans lesquelles la vie entière de Venise se reflète ? Le plus célèbre de ses peintres, Giambattista Tiepolo (1696-1770), m'a toujours semblé participer à une sorte de course d'obstacles ; il bouscule ses personnages, dessine leurs traits en trois coups de crayon ou de pinceau, pas toujours indulgents. Francesco Guardi, son beau-frère, n'est-il pas, à bien des titres, impressionniste, à l'affût d'un jeu de lumière, de la touche rapide et amusante ? Il fait partie de cette nuée de peintres qui ne se comparent pas sans doute au Titien, ou au Tintoret, mais qui se sont acharnés à saisir, à photographier (dirions-nous) le ciel et l'eau et la liesse de leur ville. A commencer par le célèbre Giovanni Antonio Canaletto (1697-1768), accablé de commandes par les Anglais, marchands ou mécènes, et qui, un beau jour, gagne l'Angleterre. S'il n'invente pas la « veduta », le paysage reconstitué avec exactitude, il en détermine la vogue. L'étranger raffole des peintres de l'école vénitienne, surpaie leurs tableaux, les fait venir chez lui : Antonio Bellucci a vécu en Angleterre et à Vienne ; Jacopo Amigoni en Flandre et à Madrid où il est mort ; Pietro Rotari à Saint-Pétersbourg ; Gaspare Diziani et Bernardo Bellotto (le neveu de Canaletto, dit aussi Canaletto le Jeune) en Pologne ; Rosalba

Carriera reçoit les hommages de Paris ; Giovanni Antonio Pellegrini est en Angleterre avant d'être à Vienne, Tiepolo travaille à Würzbourg, gagne l'Espagne avec ses deux fils et y meurt. Seul Guardi est fidèle à Venise : s'il quitte la ville pour son Trentin natal, il y revient. Mais ses tableaux se dispersent à travers l'Europe. Au Louvre, plusieurs Guardi, un Canaletto vous attendent ; art en apparence innocent, cantonné dans le seul critère du goût, loin du souci de la peinture, mais où flamboie parfois comme un éclair d'angoisse.

Entre les deux gloires

Donc la Venise de la « décadence » a connu une étrange arrière-saison et qui se prolonge même jusqu'à nous, malgré le désastre de 1797, malgré l'irruption de Bonaparte et de l'armée révolutionnaire qui a réduit la ville en esclavage. Mais n'est-ce pas précisément la décadence de Venise, écartée une fois pour toutes de l'échiquier politique du monde à la fin du XVIIIe siècle, qui aura sauvegardé en partie ses sortilèges ? Par une sorte de compensation ?

Je connais un archiviste vénitien, amoureux de sa ville, de souche patricienne par surcroît, et qui aime à dire, moitié sérieux, moitié souriant, que rien ne serait plus facile, avec les documents de l' « Archivio dei Frari » où se conservent les archives de la Sérénissime, que de remettre sur pied, aujourd'hui, le gouvernement de la défunte République de Saint-Marc, avec son Doge, son Sénat, même son Conseil des Dix (il serait de nouveau nécessaire) et ses rouages administratifs compliqués, ses prérogatives, ses lois, ses contraintes, ses laxismes, et — pourquoi pas, afin que l'illusion soit complète — les perruques et les robes noires de ses patriciens.

Prenons un instant ce rêve, ou cette boutade tout à fait au sérieux, alors le destin de Venise, je veux dire son destin récent, immédiat, peu compréhensible d'ordinaire, se projette assez bien devant nous comme une belle image d'Épinal, aux couleurs vives et nettes.

Supposez, en effet, qu'en 1815, en 1849, ou même en 1900, ou en 1945 — au moment que choisira votre imagination — le rêve se soit bel et bien concrétisé. Qu'aurait pu faire la Sérénissime ressuscitée ? Poser la question, c'est soulever à la fois tous les problèmes et énigmes d'un destin qui s'est écrit de la façon que l'on sait — mais pourquoi pas autrement ?

Venise a aussi possédé longtemps, au temps de sa liberté, un étonnant conseil, celui des « Cinque Savii alla Mercanzia », les Cinq Sages (je traduirais plus volontiers par les Cinq Experts) à la marchandise. Je les imagine réunis à nouveau d'urgence, prudents, avisés, et même énergiques (ce qui ne fut pas toujours leur cas au cours des siècles passés). Leur décision raisonnable se devine : si Venise veut grandir comme au temps du poivre et des épices, et, du coup, retrouver sa gloire antique et matérielle et non sa seconde gloire qui a été pour elle une consolation, un passe-temps, une façon d'attendre, il faut qu'elle accueille à bras ouverts la vie moderne qui l'entoure et la cerne ; qu'elle attire à elle et qu'elle absorbe ce qui sera bientôt Mestre, la ville champignon et rivale qui pousse, face à elle, maussade et dangereuse, pesante, sur la rive même de la lagune, grossie par les métiers et les transits du pétrole ; et non moins qu'elle s'efforce de s'approprier l'effort titanesque et si proche d'elle de Trieste, c'est-à-dire ses trafics, ses industries, ses constructions navales ; Gênes, après tout, aura suivi ce conseil pernicieux et se sera noyée dans la richesse et la pollution d'une industrie envahissante, chez elle tentaculaire, explosive faute de place.

Que Venise ait évité pareil sort, cet extravagant développement post-industriel de l'exigence moderne, c'est la constatation qu'il faut présenter, répéter à qui demande pourquoi Venise est restée Venise, fidèle ainsi à sa seconde gloire, celle de ses fêtes, de son immobilité, de son ouverture aux passions les plus violentes et les plus simples du monde — aimer, être heureux, rêver. Car, ne vous y trompez pas : la décadence acquise a travaillé à cette prudence, mais ce n'est pas seulement le renoncement qui nous a conservé Venise, qui l'a « naturalisée » comme un insecte mort aux merveilleuses couleurs. C'est le monde entier acharné, qui n'a pas voulu, qui ne veut pas que Venise change. Eût-elle esquissé un geste pour se moderniser, pour laisser pénétrer sur ses quais des autoroutes aux bras de pieuvres, comme à Gênes, qu'une clameur mondiale se serait élevée, véhémente, tonitruante. Car Venise ne s'appartient plus, elle est le bien de tous, notre bien, notre ville, notre rêve, notre refuge de silence. Qu'elle ne se retourne pas, qu'elle ne bouge pas, qu'elle soit la Belle au Bois Dormant dont nous avons tellement besoin ! Que, pour elle, et pour nous, grâce à elle, le temps ne tourne plus ! Il tourne si vite !

L'héritage

La source est là, dans l'espace méditerranéen, la source profonde de la haute culture dont notre civilisation se réclame. Et je ne parle pas ici du cadre fondamental qu'impose à notre vision du monde le système religieux monothéiste dont on a déjà vu qu'il s'était formé aux abords de la mer intérieure et propagé depuis ses rivages. Je parle de cette part profane de la culture, au sein de quoi les croyances se sont immédiatement installées, qu'elles ont envahie, conquise et qui, maintenant que refluent ces croyances, demeure l'objet d'une vénération dont les musées et les bibliothèques sont les temples et que s'efforcent de vivifier l'école, l'université, les multiples appareils de l'idéologie qui nous domine. Quand, à Cleveland ou à Stockholm, à Cracovie ou à Kiev, on pense à Venise, Istanbul, Alexandrie, à Rome, à Athènes, le désir est, bien sûr, de s'évader, de partir vers les plages ensoleillées d'une mer

heureuse ; n'est-il pas aussi, conscient ou
non, de revenir un moment à cette source, à
ces lieux féconds dont on sait depuis
l'enfance que des demi-dieux y menèrent une
existence moins terne et moins grossière ?
Des hommes parfaits, qui parlaient un meilleur langage et possédaient le sens des pro-
portions justes. Quand nous rêvons d'accom-
plissement humain, de la fierté et du bonheur d'être homme, notre regard se tourne
vers la Méditerranée.

Or, vers la Méditerranée tous les peuples
de l'intérieur des terres ont regardé depuis
l'aube de l'histoire. De cette même souche
généreuse n'ont cessé de jaillir des rejets
tentateurs dont les attraits incitaient à
remonter jusqu'à leurs racines. Pour cette
femme qui dominait à Vix une peuplade de
porchers et de brûleurs de bois, le vase de
bronze qu'elle tint à emporter avec elle dans
l'autre monde que fut-il sinon la preuve
qu'elle participait elle aussi à la culture, à
peine connue, dont la magnificence de cet
objet entretenait, par-delà des distances
immenses, la séduction ? Si la domination
romaine se fit accepter avec tant d'aisance,
n'était-ce pas que les chefs du village établis
le long des fleuves, aux lisières des forêts et
des marécages, l'attendaient, sachant bien
que les légionnaires apportaient avec eux le
vin, le pain, les jeux et tous les plaisirs de la
vie ? Et si Rome au bout de quelques siècles

céda, ce fut pour avoir trop largement rempli son rôle civilisateur, dispersé de toutes parts les parcelles de l'héritage culturel méditerranéen, pour avoir dressé jusque sur la frontière que surveillaient ses garnisons cet appât qui mit en marche les tribus extérieures, qui leur donna le cœur de forcer les barrières, ce mirage de bonheur : sa culture.

Ce leurre n'a jamais cessé d'agir. L'irrépressible tropisme qui, de nos jours, pousse des millions d'hommes à s'exténuer, à se ruer en cohues sur les routes dans le seul but de passer quelques jours à Zadar, Alicante ou Djerba, la monstrueuse migration de chaque été, dont le déferlement va jusqu'à mettre en péril les marbres du Parthénon, si puissante que, pour la canaliser, la contenir un moment, on en vient inévitablement à saccager les sites, à détruire les charmes qui suscitèrent son départ, il faut la voir comme l'exaspération d'un mouvement séculaire, la situer dans le prolongement de ces pulsions qui finirent, il y a plus de mille cinq cents ans, par saper les assises de l'Empire romain et par rompre définitivement l'unité de la Méditerranée politique. Les Ostrogoths et les Vandales, tous les chefs de bandes qui, revêtus des insignes consulaires, vinrent siéger dans les basiliques impériales, s'appliquant à conformer leur discours aux règles de la rhétorique latine, mettant leur point d'honneur à réparer les thermes et les amphithéâ-

tres, empressés à renier leurs habitudes
ancestrales pour en prendre de nouvelles, les
méditerranéennes, qui leur semblaient de
meilleur ton, tous étaient alors captifs d'une
attirance qui ne diffère pas sensiblement de
celle à quoi nous succombons nous-mêmes.
Lui obéirent après eux d'autres hordes, les
lombardes, les franques. Clovis, qui se fit
ensevelir à Paris, avait lancé ses guerriers
jusqu'à la mer. Le but était évidemment de
conquérir et de piller. Mais il s'agissait
également, surtout peut-être, de prendre
place parmi les bénéficiaires d'une culture
dont la supériorité fascinait. Tous les pèlerins anglais qui par d'innombrables étapes
gagnaient au viiie siècle le tombeau de saint
Pierre ne cherchaient pas uniquement au-
delà des Alpes leur salut. Charles Martel ne
songeait pas uniquement au butin lorsqu'il
s'avançait du côté de la Narbonnaise, ni
Pépin le Bref lorsqu'il s'en emparait, ni
Charlemagne lorsqu'il passait les Pyrénées,
lorsqu'il venait dans Rome s'entendre accla-
mer du nom d'Auguste. Le même désir de
s'établir dans des contrées moins barbares,
que les chants épiques exaltaient, célébrant
le pin et l'olivier, les Alyscamps, les exploits
de Guillaume d'Orange, déclencha l'une
après l'autre, au centre du Moyen Age, les
équipées cavalières en direction du sud,
conduisit au lendemain de l'an mil les chevaliers de Bourgogne et de Champagne à pour-

suivre l'aventure jusqu en Aragon, en Cas-
tille, au Portugal, les fidèles du roi d'Allemagne à descendre vers l'Émilie, la Toscane,
le Latium, les cadets de Normandie à chercher fortune à Palerme et à Bari ; il animait
les croisés marchant vers Jérusalem,
Damiette ou Tunis, il engageait les guerriers
du Christ à combattre pour l'extension de la
vraie foi dans le pays cathare plutôt que dans
la Livonie. Pour la plupart, les conquérants
revenaient au pays natal, mais séduits, vain-
cus eux-mêmes. Le récit des plaisirs qu'ils
avaient goûtés durant leur escapade, la
beauté des objets dont ils étaient rentrés les
mains pleines, incitaient d'autres à partir, à
cheminer à leur tour vers l'origine d'une
certaine idée de la civilisation. En armes, et
pour ravir. Mais toujours les troupes de
guerriers furent suivies d'amateurs plus fer-
vents d'images, de savoirs inconnus et de
beau langage.

Pour ceux-ci, dès le haut Moyen Age, un
trafic d'antiquités s'était organisé dans
Rome. Tolède était à peine conquise que
d'autres pillards, moins brutaux mais non
moins avides, entreprenaient d'exploiter les
richesses accumulées dans ses bibliothèques,
constituaient des équipes de traducteurs
capables de rendre intelligibles aux savants
d'outre-monts les textes que les Arabes
avaient eux-mêmes traduits du grec. Et lorsqu'ils prirent d'assaut Constantinople en

1204, les gens d'Occident firent main basse
sur l'or, les tissus, les épices et les reliques;
mais certains d'entre eux décidèrent de
transporter aussi jusque dans leur ville les
chevaux de bronze de l'Hippodrome.

Depuis des siècles, l'Europe puise ainsi
dans les ressources de culture que la Méditerranée propose, intarissables, à sa convoi-
tise. Elle dévaste, dépouille les monuments,
les réserves de livres, peu à peu dilapidées,
pourtant d'une telle abondance que tout
chercheur avisé peut encore aujourd'hui
découvrir là des merveilles épargnées. L'Europe pille, s'empare des parures du corps et
de l'esprit. Le fruit de ses déprédations a fait
tenir, pendant des siècles, pour méprisables,
refouler dans l'ombre, cantonner parmi les
domestiques et les paysans, parmi les rus-
tres, les expressions indigènes — cependant
vigoureuses, toujours prêtes à resurgir, à
recouvrir de leur prolifération les formes
importées — les manières locales de parler,
de chanter, de tailler et d'assembler le bois,
d'inscrire des signes abstraits sur les ex-
votos, sur les gardes d'épées et les plaques de
ceinture. Et pendant des siècles ce butin agit
loin des rivages comme un ferment de création. Car ce que l'on transplantait dans
l'intérieur du continent n'était nullement
arraché à la vie. Il lui était plutôt rendu.
Entassés dans la chambre des princes, dans
les sanctuaires où, pour la gloire de Dieu et

pour le pardon des péchés, les donations
pieuses les avaient transférés, ces objets n'y
demeuraient pas inertes. Ils servaient. Ils
paraissaient dans les cérémonies pour
rehausser le prestige des chefs, pour rendre
les liturgies du pouvoir et de la religion plus
somptueuses. Toutes les pièces de ces collections étaient réemployées, utilisées à de nouveaux usages, incorporées à de nouveaux
décors. Vivantes. Il fallait par conséquent
qu'elles fussent périodiquement rénovées,
ajustées, nourries. Leur entretien, leur constante reviviscence incombaient aux artisans
de l'atelier dont chacun de ces trésors était
nécessairement flanqué. Atelier d'orfèvres,
de fondeurs, de bâtisseurs, de peintres. Atelier d'écriture aussi. Leur rôle consistait à
enchâsser des fragments dans des ensembles,
à combler des vides, à faire place à de
nouveaux apports, donc à fabriquer.
L'important était d'éviter les discordances.
Ce qui constituait la partie la plus noble de
l'ouvrage — tel camée serti au centre d'une
croix processionnelle, tel vers d'Ovide serti
au milieu d'un poème — était alors pris pour
modèle et soumettait ce qui l'entourait aux
contraintes de sa propre esthétique. Au
départ, les artisans copiaient. Mais bientôt,
la main faite, ils se risquaient à rivaliser
d'expertise avec les auteurs de l'œuvre qu'ils
avaient entourée de leurs soins, à dresser
auprès d'elle, dans les formes exemplaires

qu'elle proposait, une œuvre originale. C'est ainsi que, durant des siècles, la sève issue de la souche méditerranéenne monta vers de nouvelles floraisons. Par périodes, elle jaillissait plus vive. L'éclat de la Renaissance, la grande, celle qui nous porte à croire encore que notre Moyen Age fut barbare, ne doit pas faire oublier la succession de renaissances qui tour à tour la précédèrent, la préparèrent, cette volonté permanente de « renovatio ». De rénover. Ou plutôt de renouer, de reprendre en main l'héritage pour le mieux gérer, de rafraîchir une masse de souvenirs, jalousement gardés et pourtant sans cesse érodés par l'oubli, sans cesse corrompus par les lentes infiltrations du substrat autochtone, menacés d'engloutissement à certains moments de défaillance, mais depuis l'effacement de Rome sans cesse entretenus, ravivés, complétés de renforts nouveaux et maintenus à toutes forces dans le fil de la vie.

De ces renaissances, la première et la plus féconde s'inaugure au VIIIe siècle. Elle est carolingienne. Bien avant de laisser en sa personne restaurer l'Empire romain d'Occident, Charlemagne avait entrepris de sauver la culture antique. Son intention était religieuse. Il voulait réformer l'Église de son royaume. Le christianisme prend appui sur une écriture que ses prêtres au moins doivent lire et comprendre, des textes qui, en

Occident, s'expriment en latin de la bonne époque. Or le latin que l'on parlait en Gaule s'était à tel point gâté que le clergé lisait mal et comprenait à peine l'Écriture. Il était urgent de le rééduquer. Le roi franc recourut à des experts. Il en trouva au-delà des Alpes et des Pyrénées. Les plus efficaces lui vinrent des Iles Britanniques, où le latin, totalement étranger aux dialectes indigènes, était une langue morte qu'il fallait enseigner systématiquement, où l'on avait, à cette fin, implanté les institutions scolaires romaines. Charlemagne les transplanta autour de lui, partant du rudiment, commandant que l'on restaurât d'abord l'alphabet, aimant qu'on le sache, lui-même, donnant l'exemple, s'évertuant la nuit à apprendre les lettres. L'image survit de ce souverain visitant les classes, félicitant les bons élèves et réprimandant les mauvais. Elle est naïve. Du moins, dans la conscience que nous prenons de l'histoire de notre culture, établit-elle à sa juste place l'action menée, qui fut décisive. Entreprise au moment même où tout un pan de la romanité venait de basculer du côté de l'Islam, où la tradition latine enlisée, se décomposait au centre de l'Europe, on peut se demander ce qui, sans elle, aurait ici survécu de l'héritage méditerranéen. L'école de Charlemagne, c'était l'école antique qui reprenait vie, adaptée ; c'est aussi la préfiguration de la nôtre ; ce fut surtout l'assise, très

modeste, nécessaire, d'un nouveau départ.
Entre la Loire et le Rhin, en pleine épaisseur
continentale, au plus profond de la rusticité,
les cendres ainsi patiemment tisonnées par
Alcuin et ses émules, le feu reprit. Il ne s'est
plus éteint.

Réformer l'Église n'impliquait pas seulement de revigorer les cadres d'un enseignement grammatical, de commenter à nouveau
les poètes latins afin que saint Augustin
redevienne intelligible aux évêques et qu'ils
puissent composer des homélies à la manière
de saint Jérôme et de Grégoire le Grand.
Encore fallait-il ramener à la perfection les
cérémonies du culte. Pour cela revenir aux
modèles antiques. Charlemagne imposa partout les rites romains, le chant grégorien,
substitua aux usages locaux, dans la plupart
des monastères, des formes de vie cénobiti-
que élaborées naguère au cœur de l'Italie,
celles que prescrivait la règle de saint
Benoît. Le roi, qui ornait encore sa personne
de bijoux de facture barbare, entendait
découvrir sur les ornements du sanctuaire le
reflet de l'art impérial. Pour décorer les
livres liturgiques que l'Église rénovée récla-
mait, les peintres et les tailleurs d'ivoire
s'approprièrent donc ce qui survivait autour
d'eux de cet art, dressant entre les arcatures
d'un simulacre de portique des effigies
d'évangélistes dans les apparences de la
réalité. Le même souci d'archaïsme fit bâtir

les nouvelles abbatiales comme les répliques des basiliques antiques. Et puisque le souverain, par la cérémonie du sacre, s'était lui-même incorporé au monde ecclésiastique, l'esthétique méditerranéenne renaissante rejaillit enfin sur sa propre maison. Lorsque Charlemagne décida de bâtir un palais dans son domaine d'Aix, près des forêts où il aimait chasser, près des sources où il aimait nager, il le voulut comparable aux monuments de Ravenne, à ses yeux témoins fidèles, mais en outre vivants, modernes, d'une architecture dont les Césars de l'ancien temps avaient stimulé le déploiement. Tout ce mouvement aboutit au couronnement de l'an 800, qui fut le plus éclatant manifeste d'une volonté délibérée de retourner aux sources. Rome fut naturellement le lieu de cette cérémonie. Dans Rome, autour du pape, le projet avait germé. Mais tous les intellectuels du continent que fascinait le souvenir des fastes romains, où l'on ne voyait que des fastes d'Empire, accueillirent l'idée avec enthousiasme. Ils la firent leur, persuadés qu'ils étaient de revivre l'époque de l'empereur Constantin le Grand.

Cette résurrection fut le fait d'une poignée d'hommes, de quelques prêtres et de quelques chefs de guerre. Elle recouvrit d'un voile très mince la vitalité des cultures indigènes. Elle ne fut pourtant pas factice. La greffe prit effectivement, et très vite. En deux générations, l'invention vint remplir les formes réimplantées et s'y développa librement. Sur la biographie du nouvel empereur qu'Eginhard composa laborieusement, la prose de Suétone paraît encore flotter gauchement, comme un vêtement mal coupé. Mais, à Compiègne, auprès de Charles le Chauve, Jean Scot l'Irlandais, qui lisait non seulement le latin mais le grec, parvint jusqu'à la veine de la grande pensée théologique ; il jeta les bases de la première philosophie d'Occident. Au milieu du ixe siècle, sur les feuilles de parchemin peintes à Tours, à Reims, à Saint-Denis, le classicisme n'était plus un décor emprunté ; il revivait réellement aussi dans les mosaïques de Germigny-des-Prés, dans l'ordonnance de l'espace bâti autour du monastère de Saint-Gall. La réussite fut si brillante qu'elle attisa les convoitises parmi des peuplades du Nord qui ignoraient tout de Rome. Les Scandinaves commencèrent leur pillage avant la mort de Charlemagne, dévastant les trésors monastiques. Seuls les tentaient l'or, l'argent, les gemmes ; ils ne respectèrent donc pas les formes des objets dont ils s'emparèrent. Ils détruisirent, et leurs incursions marquèrent l'arrêt momentané de la renaissance. Mais ce furent les dernières qu'ait subies l'Europe ; elles provoquèrent l'ouverture, autour de la mer du Nord et de la Baltique, d'une aire où se diffusa le christianisme, c'est-à-dire, à sa

suite, le latin — donc l'école carolingienne —, la liturgie — donc l'art de bâtir, de
sculpter dans la pierre, de dessiner des
figures d'hommes sur les pages des manuscrits —, une certaine façon aussi de régner et
de faire respecter la loi. Les ravages enfin
butèrent contre le môle que constituait la
Germanie centrale, ce monde très fruste que
les Carolingiens venaient de civiliser, où les
moines fuyant les provinces saccagées, se
réfugièrent avec leurs reliquaires et les livres
qu'ils avaient pu sauver. L'entreprise de
« renovatio » put donc se prolonger dans
l'Allemagne des Ottons, qui l'amplifièrent,
restaurant une seconde fois l'Empire
romain. Fils d'une princesse byzantine,
l'empereur de l'an mille rêva de fixer définitivement dans Rome le siège de sa domination sur l'univers. Il y parvint quelque
temps. Tandis que, au fond des forêts germaniques, sur les portes de bronze, sur les
enluminures des Péricopes, fleurissaient,
plus fidèles que jamais à ce qui, sept siècles
plus tôt, avait en Méditerranée, jailli de leur
racine profonde, de nouveaux rejets de l'art
antique.

Les historiens de la culture occidentale
célèbrent une seconde renaissance, celle du
XIIᵉ siècle. Elle ne fut en vérité que l'épa-
nouissement de la première : l'essor continu
de l'économie aidait à mieux mettre en

valeur l'héritage ; l'expansion militaire en Espagne, dans le sud de l'Italie, en Terre-Sainte l'enrichissait de nouveaux acquêts. Mais ni le lieu — les vieilles provinces franques — ni les cadres — le haut clergé, les princes, l'école, le sanctuaire, le palais — ni l'esprit n'avaient changé. L'Antiquité classique demeurait le modèle. L'intention était toujours d'insuffler de nouveau la vie dans ses vestiges, de les remettre en usage, et pour cela de les façonner. Suger, abbé de Saint-Denis, acquiert un vase antique ; il ne l'enferme pas dans un coffre, il entend le réemployer, chargeant pour cela des orfèvres de l'adapter, de l'intégrer au décor qu'il déploie, dans la basilique rénovée, autour des liturgies. L'inscription qu'il fait graver sur l'objet parle clair : « Ce vase était beau, il l'est davantage par cette offrande de l'ouvrage des hommes à la gloire de Dieu ». D'hommes pleinement conscients d'être des héritiers et de poursuivre à tour de rôle une œuvre continue de création. Dans le même temps, un poète reprenait le texte de l' « Énéide ». Non moins respectueux. Il ne se retenait pas cependant de transposer le latin de Virgile dans le dialecte des cours, de travestir les héros antiques en chevaliers vaillants, habiles aux jeux de l'amour, proposant sous cette forme rajeunie le roman d' « Eneas » au divertissement des seigneurs et des dames. Reviviscence, et que rendit plus vigoureuse le retour progressif aux sources helléniques. Ce que Rome avait à peu près négligé, ce que les ecclésiastiques rétablissant l'école antique n'avaient pas cherché à retrouver puisque, soucieux de mieux comprendre les paroles de la « Vulgate », leur attention restait fixée sur les mots et l'agencement du discours latin — je parle de la science et de la philosophie des Grecs —, voici que dans le cours du xiie et du xiiie siècle, à mesure que l'on traduisait de l'arabe d'abord, puis directement des manuscrits grecs Euclide, Ptolémée, Galien, et peu à peu l'œuvre entière d'Aristote, cette science et cette philosophie se découvrirent, nouveau legs de la Méditerranée et qui vint, celui-ci, bouleverser de fond en comble les manières de sentir, de s'exprimer, de croire. Les clartés dont ces œuvres dévoilées étaient porteuses, l'exemple aussi des monuments chrétiens d'un Orient mieux connu, épurèrent alors l'art gothique des monstres et des chimères qui grouillaient encore dans les marges de l'art roman. Invitant à toujours plus de rigueur, plus d'équilibre, ils conduisent aux formes parfaitement classiques de la « Visitation » de Reims et de l' « Éros » d'Auxerre.

Toute l'élaboration gothique des traditions méditerranéennes fut reniée par ce que nous appelons la Renaissance. « Rinascimento », celle-ci faisait en effet renaître l'Ita-

lie, la patrie italienne, au nom d'un sentiment national nourri des souvenirs de la
gloire romaine. Le mouvement n'émane
plus, comme ceux dont on a jusqu'ici parlé,
d'une transplantation. Il sort directement de
la souche, en plein milieu de la mer, et ce
phénomène signifie que la Méditerranée,
guérie de ses fractures, reprend corps enfin
et sort toute vive de sa longue torpeur.
Précoce, la résurgence débuta dès que les
mariniers de Pise, de Gênes et de Venise se
furent lancés avec succès à la fois dans la
guerre sainte et dans les commerces conquérants. Sa première manifestation est pisane.
C'est un monument, le Duomo, sortant de
terre au seuil du XIIᵉ siècle, modèle de tous
les dômes érigés plus tard parmi les cités
d'Italie avant d'être parsemés à travers l'Europe et l'Amérique. Les sculpteurs prirent le
relais des architectes. Ils s'appliquèrent
d'abord, en Campanie, à copier les marbres
antiques, imprimant les traits des bustes
augustéens aux effigies laurées de l'empereur Frédéric II. Mais ils se libérèrent bientôt, à Pise encore, et la grande statuaire
toscane, fille de la statuaire romaine et de la
statuaire étrusque, mais fille émancipée,
finit par engendrer Giotto, que la nation
italienne célébra comme son héros pour
avoir transféré « l'art de peindre du grec au
latin » — Giotto qui, pour trois siècles, fit de
la peinture, celle d'Italie, l'art majeur de

l'Europe. Le mot héritage convient-il encore,
à propos d'une société de marchands, de
condottieres, d'entrepreneurs, artisans de
leur propre fortune, qui ne devaient rien à
leur père, sinon le sang, des conseils d'expérience, et le goût de s'aventurer plus loin
dans la même voie ? Filiation plutôt, génération ininterrompue. Où percevoir plus clairement qu'à Rome, place du Capitole, la conso-
nance du passé, du présent, du futur dans la
permanence équilibrée du flux créateur ?
Lorsque Michel-Ange entreprend de disposer
un cadre autour du bronze équestre de Marc
Aurèle, il interprète à sa guise ce qui vient de
l'antique et sans cesser jamais de penser que
l'espace dont il décide l'aménagement n'est
pas un musée, mais une place, un lieu où des
vivants viendront après lui parler de la
politique, des affaires, de l'amour. Pour l'Italie de la Renaissance, l'Antiquité classique
fut comme une de ces maisons de famille,
délaissée pour une saison, où, les volets
rouverts, pénétrée de nouveau par l'air et le
soleil, chacun se réinstalle à son aise, rani-
mant l'âtre, retrouvant un livre oublié, se
hâtant de parer la demeure de tentures
fraîches et de fleurs coupées.

Or, l'Italie des cités populeuses, du florin,
des soieries, des « fondachi » de Smyrne et
d'Alexandrie, et qu'enrichissait encore le
reflux de Byzance succombant à la poussée
turque, devint rapidement si prospère

qu'elle imposa aux cours princières et aux places marchandes, dans toute l'Europe, sa culture et ses manières de vivre. Ses artistes, ses savants, ses musiciens, ses politiques s'y trouvaient partout répandus, comme ses banquiers et ses fournisseurs d'atours. Le Paris de Jean le Bon, de Charles VI, des premiers humanistes était déjà tourné vers elle, traduisant Boccace, accueillant Christine de Pisan, attentif aux premières recherches des perspectives de Toscane. Les modes italiennes se diffusaient depuis la Bohème où résidait l'empereur Charles IV, depuis Avignon où les papes étaient venus s'établir, l'Avignon de Pétrarque, où Simone Martini, Matteo Giovanetti de Viterbe avaient dirigé de vastes entreprises de décoration, marquant ce pays si profondément que les peintres du Nord qui leur succédèrent, Enguerrand Charenton, le maître d'Aix, ne pouvaient plus voir le monde que par leurs yeux. Jean Fouquet, Dürer allèrent poursuivre au-delà des Alpes leur formation. Les princes s'y précipitèrent, rêvant de dominer Naples ou Milan, revenant, comme les croisés, chargés de manuscrits et d'objets d'art, et Léonard vint mourir à Amboise. L'Italie ensorcelle. Elle éduque et rend de toutes parts familière une Antiquité pleinement assimilée. A son exemple, on s'accoutume à voir, dans les cortèges, les jardins et les bals, des dieux, des héros, des amours côtoyer saints et courtisans, prendre place parmi les cérémonies de l'Église et de l'autorité de droit divin qui, ni l'une ni l'autre, n'hésitent à plier à leur service la rhétorique de Cicéron et la mythologie d'Ovide. Jusqu'à Édimbourg, à Vienne, à Saint-Pétersbourg, le goût de la Méditerranée, d'une Méditerranée aimable, charmeuse, fut-il jamais plus vif ? La Grèce entr'aperçue. Mais surtout Venise, Naples — Rome avant tout présente, la Rome des opéras, des mascarades, des temples devenus chapelles ou tavernes, de la critique d'art, des fêtes ordonnées autour des fontaines. Rome généreuse, bavarde, dévote — toujours vivante.

Brusquement, tout changea lorsque, parmi d'autres sciences de l'homme, dans un effort global pour inventorier, ranger, classifier les éléments du savoir, naquit l'archéologie. Un nom : Winckelmann, antiquaire de Sa Sainteté. Une date : 1764. L'Antiquité avait toujours été fraternelle ; la voici distanciée, momifiée, intouchable. Morte. Objet d'une science et d'une technique qui, d'ailleurs, sur les chantiers de Pompéi, d'Herculanum ne découvrent plus des chefs-d'œuvre, mais une romanité provinciale, vulgaire, figée dans l'instant même de sa destruction, et qui, révélant ses gestes les plus quotidiens, les moins nobles, s'éloigne d'un coup du divertissant, du plaisant, de l'exaltant et

recule au profond de l'histoire. Nul n'imagine plus d'aménager en séjours de délasse-
ment ou d'ostentation les villas et les bouges
que la recherche savante ramène au jour, à
transformer en parures les objets de fouille.
A réemployer, comme on l'avait fait durant
des siècles. La place de ces vestiges est au
musée, dans des vitrines, pour être observés
à distance, étiquetés, catalogués, analysés.
Desséchés comme le sont au muséum les
fleurs des herbiers et les papillons.

Le pillage ne prit pas fin. Son but changea
du tout au tout. Lorsque Lord Elgin disloqua
l'architrave du Parthénon pour emporter
plus aisément la frise et les métopes, ça
n'était pas pour encastrer ces débris au sein
d'un nouvel édifice. Ils finirent à Londres
dans les salles glacées d'un temple de la
connaissance. Désormais, restaurer ne fut
plus apprêter l'objet, le compléter pour qu'il
remplisse mieux une fonction nouvelle,
l'ajuster au goût du jour. Ce fut au contraire
décaper, détruire les ajouts, effacer les
retouches, les repeints, rendre le fragment à
son état premier, ne point masquer les
injures du temps, s'appliquer plutôt à souli-
gner les déchirures. Ainsi, comme si l'on
était passé de la prodigalité à l'avarice,
l'héritage de la Méditerranée classique fut
précautionneusement emmagasiné. Livré
toujours davantage au regard cependant, par
l'entremise des estampes qui montraient

partout l'image de pièces de collections et des sites archéologiques. Les formes épurées de l'art antique s'imposèrent ainsi avec plus de puissance aux artisans et aux artistes : du temps de Canova et de Thorvaldsen, tout un urbanisme naquit sur l'arcade, le portique, la corniche, pour des villes qui se voulaient impériales, pour des demeures qui se voulaient pompéiennes. Mais, raidi dans la mort, cet art projetait sa propre rigidité sur les œuvres qui se prétendaient ses rivales. Matériaux froids, angles rigoureux, rectitude des nouveaux styles. Exemple d'austérité, d'ascèse. Il fut d'autant mieux suivi que la pédagogie du latin et du grec, traités désormais comme des langues mortes, devenait l'exercice rigoureux d'une discipline. Le discours des anciens n'incitait plus à l'humanisme libertin et tendre. Il exhortait à la vertu. Il parlait d'obéissance, d'ordre imposé. La lecture de Plutarque nourrissait le rêve conjoint de reconstruire en Méditerranée des empires et de ramener par la force à la rigueur civique. Un tri s'opéra de la sorte parmi les souvenirs du passé méditerranéen. Il finit par tendre sur les plaisirs de la vie l'écran d'un projet de société moralisée, soumise, tout entière concentrée — comme elle l'était au lycée, à la caserne, dans la prison moderne et dans l'hôpital, comme dans le camp circulaire dont Ledoux dressa le plan pour Arc-et-Senans — sous l'œil d'un maître dont l'office fut de tout voir, de tout régir, de tout réprimer. Plaçons donc dans le prolongement de la rupture qui, d'un coup, au temps des Lumières, retrancha le legs méditerranéen des mouvements du monde pour le tenir captif dans le musée et dans un système d'éducation, la Rome mussolinienne qui, face à la Rome des basiliques paléo-chrétiennes, face à Bramante, au Bernin, aux mascarons baroques, érigea la silhouette dérisoire d'une architecture vide, déclamant, dans le silence des tombeaux, les vaines harangues de l'impérialisme verbeux et de l'oppression la plus réelle de toutes les formes de la vie.

Notre époque, nous le savons bien, refuse cette Méditerranée truquée. Elle s'est détournée du latin avec tant d'obstination que l'Église romaine elle-même a dû se résoudre à le bannir de ses célébrations. A vrai dire, le dégoût d'une antiquité pédante et glacée s'est manifesté tout de suite. Avant même que l'Europe ne fût lassée de la Révolution et de l'aventure napoléonienne, qu'elle ne s'acharnât à rebâtir l'ancien régime. Choisissant de restaurer non plus des temples romains mais des cathédrales gothiques, le romantisme fut l'expression de cette répugnance. Il voulut s'avancer, à travers une nature rendue au désordre, vers de vraies ruines, qui n'auraient pas été violées par les fouilleurs, nettoyées de leurs brous-

sailles ni de leurs habitants mal famés. Un
goût de mort conduisait vers elles, comme à
ensevelir Shelley parmi les cénotaphes de la
Rome antique. La Méditerranée ne cessa pas,
en effet, de captiver. Mais le xixᵉ siècle
choisit de se tourner vers une Méditerranée
énigmatique et passionnée, qui ne ressem-
blait pas à celle dont les dépouilles peu-
plaient ces autres nécropoles qu'étaient les
glyptothèques et les cabinets des philologues.
La révélation de l'Égypte pharaonique, les
mystères de son écriture, de ses croyances,
de son savoir le subjuguèrent un moment.
Puis il regarda vers la Grèce luttant pour son
indépendance, c'est-à-dire vers les turque-
ries, vers les harems dont Ingres était
obsédé, vers le Maghreb où Delacroix s'émer-
veillait de rencontrer les Grecs et les Latins
enfin vivants. Le nouvel itinéraire mène
droit de Paris à Jérusalem ; il ne marque un
temps d'arrêt sur l'Acropole que pour y
méditer devant des portiques déserts. Tous
les voyageurs qui prirent alors le chemin de
l'Orient — ou qui feignirent de le prendre —
Nerval, Flaubert, Gide, qu'allaient-ils y chercher sinon la liberté du plaisir, les paysages
et les manières d'être qui s'accordassent aux
fantasmes engendrés par leurs frustrations,
la tiédeur et les frémissements de la vie qui
manquaient aux modèles guindés, racornis,
répulsifs, proposés par l'école, la condamna-
tion définitive de ce que l'antique était

devenu dans l'académie, aussi bien que des polissonneries de l'art officiel ?

Toujours plus impérieuse, cette même impulsion finit par tout emporter dans la crise de la culture dont Nietzsche fut le prophète et les peintres les premiers témoins. A ceux-ci, la Méditerranée continua de donner des leçons de mesure, d'ordre et d'harmonie. Renoir interrogea Cennino Cennini et le vœu de Cézanne était de composer « de grands paysages classiques ». Ni l'un ni l'autre cependant ne revenaient à l'Apollon du Belvédère. Cézanne plantait son chevalet devant le motif, Renoir considérait des fresques que l'Italie avait librement inventées dans les exubérances de sa première renaissance. Et ce que Van Gogh découvrit dans la campagne d'Arles, Matisse à Collioure, Braque à l'Estaque, ce fut l'excès. Depuis près d'un siècle, la Méditerranée propose à ceux qui guettent, aux avant-postes de l'espoir, un visage de violence. Véhémence du soleil qui dévore les couleurs, véhémence des parfums du jardin d'Adonis, véhémence du vent et de l'orage sur la pierre sèche et les buissons noirs, dans un pays sévère, gris et blanc, érigeant ses cippes dans le silence et la solitude au bord d'une mer sombre et parcimonieuse, et qui enseigne le dénuement. En sortent les architectures dénudées de Soulages. Comme en sortent les emblèmes crispés de la douleur que l'on voit gesticuler, tordus par les bourrasques marines, sur le grand théâtre de Picasso. Comme en sortent les « Massacres » d'André Masson. Nous n'avons nullement répudié le vieil héritage, mais nous avons choisi de nous établir dans sa part ténébreuse. La Grèce de Belles Lettres ne nous plaît plus. Nous retient celle qui sent le sang et la mort, la dyonisiaque, la Grèce des antres et des mythes, d'Héraclite, du Minotaure, la Grèce vivante, la vraie, qui, depuis des millénaires, égorge des boucs et danse, affamée, enivrée, parmi les icônes et les incantations. Le soleil — mais tragique. La fête — mais populaire. La Méditerranée — mais âpre et capiteuse. La Méditerranée des pauvres.

Table des matières

L'HISTOIRE
DANS LA COLLECTION CHAMPS

Achevé d'imprimer en juillet 2002
sur presse Cameron
*par **Bussière Camedan Imprimeries***
à Saint-Amand-Montrond (Cher)

N° d'éditeur : FH 116714.
Dépôt légal : octobre 1986.
N° d'impression : 023004/1.

Imprimé en France